南朝諸録要諦

――南山雲錦拾要ここに展かる――

南朝皇愛会　山地悠一郎

八幡書店

上　筆者（右）と故・杉本壽博士。木地師学会の元会長である

下　右より熊澤良尊師、筆者、菊井一之氏（大塔会理事長）

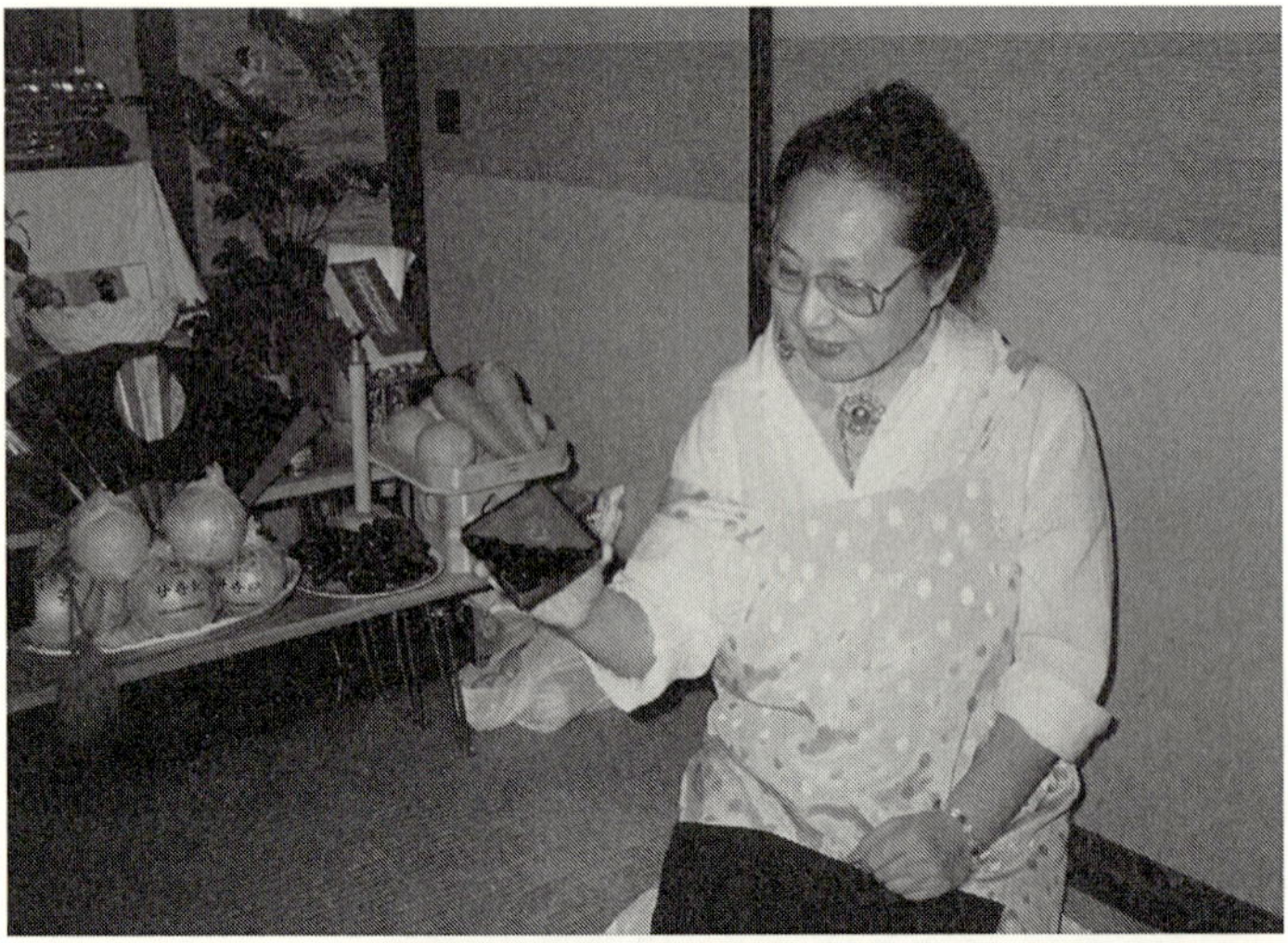

上　懐良親王・兜の前立。持つは泰道真理さん
下　大塔宮・軍扇、拝するは筆者

尊雅王・短冊を奉納
於・宝青院　院主・青木カズノ氏（大塔会会長）

上　賢崇寺内・二十二士之墓前にて（2.26 事件法要）
下　仏心会代表・香田氏と共に

台湾建国団の人たちに囲まれて（靖国神社）

序

それ遠く拝するに、厳寒二月の吉野川上における南朝皇子慰霊の空は雲か雪か、帰り行く隠見の鳥影に想いを託して心を休めんとするのである。一句あり

春雪と云ふも悲しき南朝忌

折しも懸案の「南朝諸録要諦」を案ずるに、幸いにも八幡書店の協力を得て書物となり発刊せんとするを得たり。

余輩、既に馬齢を重ねること九十にあり、一途、南朝の史歴に志して託するもその実極めて遠く更に雲烟の彼方に消えゆくの憾なきにしも非ず。故・杉本師の遺稿あり、信奉して愚筆を加え走らせ南朝史に一片の色彩を添えむとす、希わくば許されんことを。

方今、皇統連綿の基図を論じる秋に方り、心して一筆献じて序文とす。

平成二十九年　立春の比

南朝皇愛会代表　山地悠一郎

『南朝諸録要諦』　目次

一　美作後南朝史の研究

杉本　壽

一、美作後南朝皇統譜の研究

大和国吉野郡の後南朝皇統譜を、美作国勝田・苫田・英田郡の各地に仮託して美作後南朝皇統譜は、いったい何を意図してのことであろうか。いま美作の現地を踏査してみると、植月御所伝説の旧植月村鳥羽野人たちによって物語られているが、それさえ果たして事実の歴史なのであろうか疑わしきところが甚だ多い。

いかにも作東誌が記述する現地の社寺はそのとおりに現存するが、後南朝の史証は全く存在せず、現在の宮司や住職はフィクションに巻き込められて怒りさえ発している。しからば『美作後南朝皇統譜』は何人が編作したものか、詳細に検証すれば大和後南朝史につうじ、大和史料に欠如した部分についても述べられているので、すくなくとも後南朝研究に大きく補完作業をつうじて益するところが多いのである。

美作後南朝史をつうじ美作郡内の格好の地名社寺を巧みに嵌め合わせしめて展開する創作篇を作ったのは、物すきな人物だがそれは一体何者なのであろうか。ところがこの演出には役者の取り扱い方に食い違いができており、まず森藩士正木輝雄及び校訂者矢吹金一郎になる『新訂作陽誌』は如何にして作られたものか、それから研究する必要があろう。

著者の見るところの原著者は修験者出自の僧籍の人物らしく、それも大和国吉野郡の人らしく、しかも後南朝系譜の秘蔵者であり、大和出自のために一層大和説は為史であり美作説が正統なりと、しきりに主張するのであるところに疑いをいだかせるのである。いわでもの主張といえよう。吉野郡人なるがゆえに北山郷が後南朝縁りの土地であることを知っており、紀伊国東牟婁郡色川郷の忠義王令旨の内容についても知悉しているのである。

二、美作後南朝皇譜の特徴

美作後南朝皇統譜には多くの特徴があり、第一には後亀山天皇の皇后が福田門院・吉田大納言守房長女になっており、六皇子をもうけながら早世しておられることである。ここでは法体瑚□の信良親王の御名があり、すくなくとも後南朝皇統譜が詳細を欠いている。ここではしばらく美作後南朝系譜のまま進めてゆきたいとおもう。それほど廃朝後南朝というものはみじめであったといえよう。

(1)実仁親王　小倉院太上上天皇大都正尊儀

(2)泰仁親王　天基院殿教尊公仏尊儀
(天基親王)

勧修寺門跡に見える教尊法親王のことである。

南朝第一〇一代

(3)高福天皇　高福院殿天皇大都正尊儀

尊義王

(4)尊秀親王　自天院殿勝公仏尊儀

南帝一宮自天王院勝公尊儀

(高原福源寺安置)

南帝皇一宮自天勝公

(井光観音寺伊藤宗家霊牌堂安置)

(5)尊上王　天壽院尊幼仏尊儀

尊秀親王の皇子で御母山名判官忠政女芳子姫

南朝第一〇三代

(6)忠義天皇　聖心院殿天皇大都正尊儀

御母皇后武式内兵大夫正重女武野姫

第一〇二代

(7)興福天皇　興福院殿天皇大都正尊儀

尊雅王で御父は義有親王になっている。

(8)尚高親王　　諡法号不記入、ここらあたりが不審で川上郷に実存せられる方には極力さけている。

尚尊王のことで、御母皇后武野姫とあるも誤りで、実は井光伊藤五良兵衛大夫祐国女多美（民）なるも天靖六年戊辰（一四四八）三月二十八日誕生とあるだけ後後は記さず、武野姫の皇子となす。

祭祀によって諡名法号の異なるのは当然であるが、山伏修験者によっての御名であるように思われるところが少なくない。

美作後南朝たる植月御所での皇統順位は次のようになっている。

(一)実仁親王皇太子系

第一〇一代　高福天皇（尊儀王）第一〇三代　忠義天皇（忠義王）

(二)説成親王系

第一〇二代　興福天皇（尊儀王・御母紀州　野長瀬六良盛矩女横矢姫）

(三)山名家系女の御母

第一〇四代　尊朝親王（御母美作・石見守　護職山名兵部少輔政清（国持衆）女清姫）

(四)日野家系女の御母

第一〇五代　尊光親王（御母日野邦重卿女　美姫）

第一〇八代　高仁天皇（御母日野有尚長男　大庄屋豊岡与右衛門女吉子姫）

第一〇九代　良懐親王（御母日野有尚次男　大庄屋豊岡次右衛門女繁代姫）

㈤越智家系女の御母

第一〇六代　尊通親王（御母吉正城々主越　智刑部大夫女清子姫）

㈥安東家系女の御母

第一〇七代　尊純親王（御母久保木城主安　東肥前守盛信女藤子姫）

のごとく五家系統に分かれていることになるが、大和高取城主越智家系の説成親王―義有王―尊雅王系が主勢力のようであり、後南朝正系の尚尊王が御生存であるのに御声がかからず、わざと関係資料を省割しているのは注意すべきである。後に至るにしたがい日野卿が入ってくるのは、尊義王妃が日野家女である説によってであろう。しかし日野卿女には王子が生まれなかったし、両方とも野戦に置かれてあり安穏の日を送られなかったのであろう。系図では随従の日野卿末裔は美作に定着するに至り豊岡姓を贈られ大庄屋になってしまう。美作国では大庄屋・中庄屋・庄屋制になっており、豪農の位置を与えられている。しかし熊澤天皇系が主張する尊雅王の王子信雅王の家名はついに現れずじまいであるから、熊澤系は奥州岩代に走り尾張国時之嶋城に定着して終わるから別系統になろう。さらに東牟婁郡飛鳥村神谷の光福寺の陵墓関係はどうなるか、熊澤氏の起こりは熊野宮の熊と岩代国澤邑の名を合わせて創ったというから、美作後南朝とは別系統になるわけである。

三、甲斐国冨士谷落飾の良仁親王

実仁親王皇子の良仁親王は冨士山麓後南朝のヒーローになる御方であり、御母は長慶天皇皇女梅子内親王であり、幼名亀壽王、米山親王とも申し上げ、嘉吉年中（一四四一―）甲斐国南都留郡明見郷荘冨士谷におわして落飾、了玄禅師と号されている。南都留郡明見村大明邑には長慶天皇が皇后と共に天授五年己未九日、冨士石へ潜籠されている（「冨士文庫」）。冨士谷後南朝は伝説と考えていたが、かくも明白に良仁親王の御名ある以上取り上げざるを得ない。

人皇九十八代長慶天皇は後村上天皇の第一皇子寛成親王であらせられ、南朝悲運の代表的な帝であり御受難を一手に引受けられ、長く長慶院法皇慶壽院と申し上げられており、南朝三代の帝にして御行蹟不詳なところが多く、御陵も紀伊・遠江・甲斐・津軽など各所に散在し、長年即位の史実さえ疑問視され、大正十五年にいたりようやく歴代天皇の中へ治定されたのである。現代交通でさえ遠路の山河を、どのようにして遷座を重ねさせ給うたものか疑問の点ははなはだ多いのである。

駿河国駿東郡旧富岡村葛山の葛山城の仙洞御所へは、長慶帝が行脚の御装にて潜幸あり、元中二年（一三八五）崩御され、浄土宗二十二等寺院の仙年寺には御陵と伝えられる大五輪塔と小五輪塔が建てられている（「長南史」）。

『木地制度研究』第一巻一一三頁第十節御殿場市旧玉穂村中畑の轆轤師文書に、山田武家文書には小田原北条家との貴重なものがあり、旧富岡村葛山城とは葛山氏の居城であり鎌倉幕府の重臣でもあった。木地引物に関する中世文書が存在し書状宛名は木地挽衆中殿ときわめて尊重であり、不思議な存在と思ってまとめたものであるが、大和吉野郡轆轤師群とのつながりは否定できない。吉野山伏修験道などとのつながりなくして、いかに一天万乗の大君といえどもやすやすと御行動はかなわず、楠木正成公のごときは「楠木正成猿楽山潜居の図」として三河名所図絵に画かれているが、中世轆轤師の三河国東加茂郡旭村牛地の生駒山の山間稼業の風態がそのように窺えたのであろう。寿永代の平家落人から、南北朝時代になると南朝遺臣へと変わってゆくのである。南風競わず南朝は偽朝なると蔑げすまれながらも、全国の義士たちは御運つたなき南朝皇胤をいとおしくてならなかったのであり、民衆は涙をたれて読みあげる太平記読みの姿に哭きつづけて糠慨し、水戸黄門は大日本史編述に藩財政を傾けられた。やがて明治維新を迎えて悲業に果てられた南朝親王たちは官幣社の祭神となられ、殉難義忠の武将たちは別格官幣社に祀られていったのである。高氏一族は逆賊とされ子孫の木像は洛中に、ひきずり出されて斬首の刑にあわしめていったのである。足利一族は明治新制によって改めて罪業ふかき所業が糾されていったのである。わが後南朝史研究も高氏一族の非違を正す論稿たることはいうまでもない。

陸奥国三戸郡三戸町梅ヶ田町字熊の浄土宗二十等寺院の観福寺には、九十八代長慶天皇御宇としての南朝暦たる天授二丙辰（一三七八）八月七日付の仏師幸慶銘文のある木像観音像を蔵しておられる。北朝暦永和二年にあたるが、これは一体何を意味するものであろうか。やはり陸奥御動座を認めねばならないが、しからば実際の御行動はどのようになされたものか考察しなければならない。このさい陸奥三戸城の南部氏が北畠顕家公の命を奉じ、常陸の結城氏と共に南朝軍として朝敵足利軍に向かったことなどの諸事情もあるが、それ以外にはどのようなことが考え得られるであろうか。まず考えられることは大和吉野郡大峰信仰に基づく修験道の山伏布教が存在し、そのなかには当然関連する熊野巫女・御師の宗圏であり、吉野・熊野国を基盤とする南朝後南朝王子たちが、その軌跡の上を歩まれたことが考えられる。奥羽地方では温泉開発が御師たちの手で遂行されたのであり、たとえば陸前国名取郡秋保村元湯の長者である国際佐勘ホテル社長佐藤勘三郎家の例をあげると、「佐藤家系譜」には「『私先祖ハ大同年中（八〇六）ヨリ熊野社別当行蔵院と中法印ニ候」とあり、熊野信仰普及のため秋保郷に入って奥州三名湯の一つである名取湯を拓いて御湯守となり、伊達氏仙台に入るに及び藩公湯浴み御殿を設け苗字帯刀の家柄となっている。

鳴子温泉における源氏車家紋の旧家などの多くは、熊野法印の開拓定着者といわれている。落魄の源九郎義経郎党らの一行が諸国勧進の山伏姿で吉野郡を立ち出でていったように、修験行脚の御姿であったであろう。それにしても上野・陸中・陸奥の地には御陵参考地が多すぎよう。

第二に考えらることは、轆轤師・木地引衆による木地村落をつたっての潜幸ルートの選択であり、さらに熊野・吉野木地師が山伏修験者と共に御庇護申し上げた実績をみとめなければならない。両者は共に山岳信仰の山地民族であり、かつては旧熊野・吉野王国人同志としてのともがらでもあったわけだ。それにしても㈠轆轤師と㈡山伏修験者とは、それぞれどのような素姓の人々であったものか。㈠は旧来の原初人として経済財として木工器物を製作して物々交換の資材利用生活を継続したる人々であり、㈡は山麓の干拓地に定住するために下っていったが御山忘れがたく、再び山地山岳に戻ってきて崇高な山領に接して生涯を律せんと志した人々に分けられるであろう。しかして両者は両王国を奉護せんとする、果敢な山岳武士団の要員でもあったわけで、かつて山岳要塞を冒した軍兵は存在せず、すくなくとも前南朝・後南朝はかつての熊野・吉野王国の山野は生きつづけているのであり、その祝斎日か即位大典執行の日である二月五日の、朝拝筋目の家柄によって修祭されている御朝拝式の厳修が、唯一の証拠なのである。

修験の神人たちは山岳霊地をもとめて全国の高山を登攀し、木地師人たちは原初の生活のまま樹海をもとめて深山を稼業地とし、やむことなく馬の蹄の行くところ櫓櫂の赴くところ限りなく発展拡張していった。しかし山を下ることを知らない民族たちであって、それは稼業上致し方ないことであったとしても不可思議でならない。まるで取り憑かれたごとく、畿内近辺の山内には未だ残木も存在するというに、四国・九州はては関東・奥羽の山岳地帯へのタックルをばやめようとしないのである。その根本義は何物であり、何故なのであろうか。山岳を下ろうとしない山岳人として心理状態は、馴れたる場所への愛着と離反を快としない肉体的精神状態への維持行為以外に、何かがさらに存在しているように思えてならない。しかしその残影は山ノ人の住む所、山ノ人の生活圏は未だ濃厚に残地せしめられているのである。中央アジアの古い都市や農山村では、未だ三千年前の古記の叙述どおりの生活を継続し、それに満足しているのを見ておどろかされる。

五体投地の苦行も心のうちは暖かく楽しいものにちがいない。騒音と塵埃のなかに生きんとしてもがく都会人こそ哀れむべき頑冥の新文化人なのであろう。紫蒼の霊湖の彼方に聳えるカイバルの山霊こそ、言語に尽くすことのできない神霊の存在であり、神々の存在を知らざる人間は孤独寂寥の生物にすぎない。神々と共に生きることこそ嬉しきかぎりのものである。修験者も木地師も共に国々の山地を追求してゆく行為自体が、天業への奉仕であり神々の教えたまう御遺訓とも言うべきものなのであろう。

南朝第百代

実仁親王

小倉院太上天皇大都正尊儀

母源氏北畠顕信女信子

政良親王

母皇后福田門院吉田大納言守房長女、早世

勝成親王

母皇后福田門院吉田大納言守房長女、早世

泰成親王

母皇后福田門院吉田大納言守房長女、早世

元良親王

母皇后福田門院吉田大納言守房長女、早世

信良親王

母皇后福田門院吉田大納言守房長女

文中参年甲寅（一三七四）誕生。法体瑚□阿、号真阿永亨拾弐年庚申（一四四〇）

七月弐日薨歳六拾七

良仁親王
母梅子内親王、長慶天皇長女、応永三年丙子（一三九六）　月　　日誕生幼名亀壽王
称米山親王、嘉吉年中（一四四一）座甲斐国冨士谷落飾　号了玄禅師　文明一四年
壬寅（一四八二）六月四日遷化宝算八十五　諡狐峰了玄長老大禅師

義仁親王
母梅子内親王、応永九年任午（一四〇二）四月拾五日誕生　移正長元年戊申（一四二八）
七月六日伊勢国北畠蔵雅卿大河内館　落飾　妙福院入御　称妙福院宮
正長元年戊申（一四二八）拾弐月土岐持益被為殺害
寿弐拾七歳、美能院殿義恩公仏尊儀

泰仁親王
母梅子内親王、応永拾弐年乙酉（一四〇五）四月参日誕生
幼名熙忠親王、落飾　教尊法親王
勧修寺入御、称勧修寺宮
諡天基親王、嘉吉参年癸亥（一四四三）拾月二日薨寿参拾九歳、天基院殿教尊公仏
尊儀

中興天皇
第百壱代第五拾三世

高福天皇

母梅子内親王、長慶天皇長女
諱尊儀、応永拾八年辛卯（一四一一）七月弐日誕辰初名尊忠親王
落飾　永享元年己酉（一四二九）九月近江国甲賀江隠住奉側侍臣、忠臣義志、
嘉吉弐年壬戌（一四四二）
美作国勝田郡遷座、同時朝廷奮起、坂上田村麿呂佩刀嘉吉参年癸亥田口左馬介重貞命
御所宮建立
嘉吉参年癸亥（一四四三）九月二十三日三種神器奪還、楠木正秀、橋本兵庫助護持
植月北方御所江齋
嘉吉参年癸亥拾月弐拾九日即位
嘉吉参年癸亥弐拾五日、年号天靖改元
天靖九年辛未（一四五一）正月八日譲位、執政故通大明五年乙亥（一四五五）弐月
五日於植月北方仙洞御所崩御、寿四拾五
高福院殿天皇大都正尊儀
植月北方仙洞御所境内内山陵江葬、陵前社殿建立、天子若宮奉尊崇

尊慶王
母唐橋大納言経泰女

女　王
母唐橋大納言経泰女

尊秀親王
母武野姫、式内兵大夫正重女
永享拾弐年庚申（一四四〇）参月四日於甲賀郡誕生
父尊義親王従遷座美作国勝田郡
大明五年乙亥（一四五五）将兵率自御所内鳥羽山城移豊国庄北山城。称北山宮
大明七年丁丑（一四五七）拾月弐日夜於北山城中殺害赤松党石見太郎左衛門雅助等、寿拾八歳
諡自天親王、葬北山城西方、自天院殿勝公仏尊儀

尊上王
大明七年丁丑・長禄元年（一四五七）十二月一日誕生
母更矢氏清水喬房女　石女

石女姫大明七年丁丑（一四五七・長禄元年）十二月二日殉死
母芳子姫、山名判官忠政女
大明七年丁丑（一四五七）六月拾七日誕生
大明七年丁丑（一四五七）拾弐月弐日夜襲赤松党、抱乳母懐逃走中、於乳母ヶ谷被殺害
天壽院殿尊幼仏尊儀

第百参代第五拾四世
忠義天皇
母皇后武野姫、武内兵大夫正重女
天靖四年丙寅（一五五六）弐月五日誕辰
大明五年乙亥（一四五五）自宮城、苫田郡高野郷西谷
奥高倉東谷江遷座、称高野宮
大明八年戊寅（一四五八）七月弐拾五日、成興福天皇東宮仍而帰植月北方仙洞御所
大明八年戊寅（一四五八）八月弐拾八日即位
大明八年戊寅（一四五八）拾月壱日、年号明応改元、同年皇業恢復決意。奉大内氏等、植月御発輦東上、河内、紀伊、大和方面募皇軍、明応拾四年辛卯（一四七一）
迎西軍山名宗全、京都於安山院天皇位就遷座

明応弐拾年丁酉（一四七七）初志貫不得、植月庄地方御所還行幸、皇子尊朝親王譲世代、
成禅定法王、加茂庄公之森新蔵坊隠居、法名、聖真
文明拾年庚子（一四八〇）参月拾七日薨、寿参壱五
葬上村之山陵、新蔵坊境内壱社建立尊霊祠、後高倉郷民別居地跡江二宮社建立、祠
高野宮、末社現覚様奉尊崇、聖真院殿天皇大都正尊儀

第百弐代第五拾参世
興福天皇（御猶子）
諱尊雅、父義有親王、母横矢姫、野長瀬
六良盛矩女、永享弐年庚戌（一四三〇）参月十五日誕辰
称市川宮、天靖九年丙未（一四五一）正月八日即位年号大明改元
大明八年戊寅（一四五八）七月弐拾五年、於鳥羽山見正庵襲赤松党小寺藤兵衛入道
性説、肩口一刀浴、向北山仙洞御所逃走中倒土橋、即刻半山高福寺江舁入治療、
同年八月弐拾八日夜刀疵重、於高福寺崩御、寿二十九在位七年、仙洞御所境内葬、
高福寺内祠尊霊称王子若宮
横矢姫康生元年乙亥（一四五五・大明五年）二月五日薨去寿四十五
于時小寺藤兵衛入道性説遂神璽奪去

興福院殿天皇大都正尊儀

尚尊親王

母吉野郡始祖首部連、伊藤五郎大夫祐国女多美

宝徳参年辛未（一四五一・天靖九年）拾壱月拾日誕辰

永生拾年癸酉（一五一三）弐月五日薨寿六拾三

第百四代第五拾五世

尊朝親王

母清姫、美作、石見両国守護山名兵部少輔政清（国持衆）女

明応九年丙戌（一四六六）参月弐拾参日誕辰

二品叙、皇太子

明応弐拾年丁酉（一四七七）父帝従、自京都植月北方

仙洞御所還幸、父帝之跡嗣

天下戦乱之砌八郎丸名乗、旗印日之丸、直属将士率戦

天文拾五年丙午（一五四六）拾月弐拾六日薨寿八拾壱歳

仙洞御所境内葬、諡龍渓院殿親王大都正尊儀

美作皇統譜系図

前南朝

九十七代 後村上天皇
- 九十八代 長慶天皇
- 後南朝
  - 九十九代 後亀山天皇 ― 実仁親王（百代） ― 高福天皇（百一代） ― 忠義天皇（百三代） ― 尊朝親王（百四代）
- 第五皇子 説成親王 ― 義有親王 ― 興福天皇（百二代）、尊雅親王

前南朝

九十九代

後亀山天皇

後南朝

百代（小倉宮）

実仁親王

育代

政良親王

勝成親王

泰成親王

元良親王

信良親王

良仁親王

義仁親王

泰仁親王

百一代

高福天皇

尊義親王

尊慶王

女王

尊秀親王—尊上王

百三代

忠義天皇—百四代 尊朝親王

忠義親王

尚尊親王（大和国吉野郡川上村井光伊藤清作家先祖）

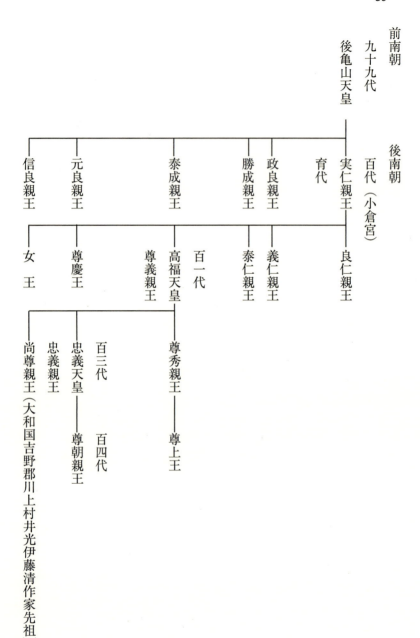

四、皇后武野姫

皇后武野姫は近江国甲賀郡山郁郷山村城主であった武内氏山郁蔵人の女であり、尊義親王が近江山村に潜龍されていた時代に迎えられて妃になられた方である。美作後南朝皇統系譜では武内兵大夫正重女になっており、第百三代忠義親王にあっては皇后武野姫に改められている。素人系図屋の作製でありおかしく思われるところが少なくない。興福天皇について諡尊雅、父義有親王と明記され、御母横矢姫野長瀬六良盛矩女と猶子となっても御母については分けられている。ところが第三皇子尚尊親王については尚高と記され、母皇后武野姫の書かれ誤りをおかしている。大和国吉野郡河野荘井光邑伊藤五郎大夫祐国女多美（民）が正しく

井光村公文
伊藤五郎大夫祐国─┬─兵衛友量
　　　　　　　　　├─力尾
　　　　　　　　　└─多美（民）

のようになっているのだが伊藤家系譜に、祐国・友量・力尾・多美、尚尊王を守って河野荘御所にあらせられたが、長禄元年（一四五七）十二月二日夜朝敵赤松残党と戦って傷つき、七日祐国は友量、力尾に命じて尚尊王を奉じて井光邑の館へ避難させ申し上げるよう命じて、あえなく最後を遂げられる。ちなみ

に多美姫は混戦のなかにあって尚尊王を護って傷つかれ御所内で戦死されてしまう。尚尊王は御幼少であらせられたので友量・力尾兄姉により井光邑の山里にあって秘かに育てられ御名を尚高に改めさせ給い、足利北朝の世を怖れ外祖父伊藤五郎大夫祐国をお名乗り給うのである。しかして伊藤清作家こそ後南朝正式末裔の家柄であり、自称皇胤並みに美作後南朝皇統譜を訴える人々も系譜上もみとめられないことになる。美作系譜は大和系譜不記の部分についての資料を教えているのではなはだ貴重であり、その出自が大和後南朝ゆかりの僧侶の手になった節が少なくない。なかなかの碩学であるが美作後南朝皇統記を努むる結果、美作各郡の大和吉野郡まがいの社寺地名を探り出し随分と困難な篏め入れ作業をしていることが関係社寺の実地踏査によって明白にされている。全国には皇室ゆかりの王子伝説が少なくないから、創作的に名勝の地名を拾い、主筋を当て嵌めてゆけばある程度の史料伝説が作ってゆけるものである。よってまずは美作後南朝皇統譜をば如何にして何人が編著したものかについても穿鑿する必要が認められよう。林海音水月和尚も他国から入村して『吉野始祖首部連事蹟考』を編纂しているから、大和国から山名宗全の招請に応じて随行した若干の大和修験者も存在したであろう。

その人物は大和吉野人であり、吉野王朝内の人であり原図資料も所持していなければ、このように巧みな編纂はできないし事情につうじていたとみなければならない。さらに紀伊国牟婁郡色川郷の事情にもつうじているのか忠義親王令旨などにも当たっていることである。ところが川上・北山の人物であるので絶対に両郷には入村せず、盗作だけを敢行しているところに怪しさが感得されるのだ。さらに大和説は誤りであり美作国こそ正当なりを、しきりに発言しているのであり、何人も美作国設は怪しいとも何とも云わないのに、正しい正しいを繰り返し縷言していることである。そして本貫の大和吉野郡をさけており立ち寄ろうとしない。もともと美作は大峰山信仰のあつい国柄で、山伏修験者の往来が多く、彼らによって建てられた真言寺院も多い。また古義真言宗安養寺が粟嶋大明神を勧請しているのは、菊池武光公が西征将軍懐良親王を奉じて九州に下向するさい、暴風雨に遭い紀州和歌山市加太鎮座の粟島宮に祈願された由来にもとづくものであろうか。

大和川上村に更矢日記から系図を作製することができるとはいえ、後南朝関係の系図は井光伊藤家ぐらいで、無いのである。しかしすくなくとも大和系図から美作系図を新編したこと事実であり、津山城主森忠政侯が何らかの関連をもっておることが窺い知らされる。湲福寺殿に森侯の馬繋場があり、植月御所内に安東徳兵衛の墓があり、高根には妹尾四郎兵衛の墓があるなど、美作後南朝とのつながりはふかい。奈義町上町川の御所宮は日吉山まであるから近江国との係り合いになる。

岡山池田藩稲田亦之丞記録に、豊岡理左衛門の名が見えるから、実在の大庄屋なのであろうし、鳥羽野には三島家の屋敷がある。さらに尊雅王の生母横矢姫の主家野長瀬氏が、津山の下横野長瀬家であるというに至っては噴飯ものとし言えない。

いずれにせよ山名軍が、大和壺阪館から後南朝皇胤を御迎えしたことは事実であるかが、それが何方であるのかわからない。しかし九十代亀山天皇の第五皇子五辻宮守良親王までが、南朝復権の御為に南風競わざるなかにあって近江国甲賀郡の山野を往来して孤忠の南朝軍と戦っておられ、後南朝代にいたっては数を知れざる皇胤が諸国に蜂起し、世情も又南北朝いずれが優位に立たせ給うや優劣定めがたしの状態であった。したがって大和吉野磧での大礼には名ある諸国の武将が来援したことによっても理解することができよう。しかし中村直勝博士も指摘しているように、皇胤とはいえ正式の皇統は自ら分別せらるべきであり、系譜は厳しく検討吟味せらるべきなのである。いずれにせよ軍事的強力な背景が皇胤の位置付けとなることはいうまでもなく、山名軍の軍力によって美作王朝の存立があるのであって、山名家の衰頽廃絶によって御父知らずという御方があるほどだから、南朝系図にあってはその終わるところを知らず方が誠に多い。

したがって宮内庁書陵部資料としての後南朝系図には縦線も横線もなく、線引きはどこへつないでよろしいのか分からないのがあり、平安京北朝方宮廷と吉野山郡内の南朝宮廷とは全く絶縁状態であったから、男系同志は御血縁であっても、かつて御会いなされたこともなかったし山間生活ばかりであったので、皇都での華やかさをまったく御存じなく、都の皇子は山の生活については想像することもできなかったのである。御母という女系皇統は都では采女制も廃絶され、ほとんどが藤原氏の女系閥にに彩色されていたに対し、吉野及び熊野の山国では山の王者の女が御妃候補であったのだ。都の王女は野宴に蝮が飛び出すと泣きわめくのが、山の王女は蝮が現れても棒の先で押さえつけて引き裂いてしまい、竹串に刺して囲炉裏の上におき来客の肴にするのである。孤独の王子、悲運の王子の身辺を御世話してゆくうちに、御同情が愛情に変わり妃への登第が実現したのであろう。大和高取城への寄遇やむなくされた説成親王が、城主越智家栄の女を容れられた妃が義有親王の御母となり、その義有親王が紀伊戦線で転戦されていたおりの南朝武将野長瀬六良盛矩女が横矢姫であり、尊雅王の御母である。

北畠顕家公も楠木正儀も愛する家女がたまたま漂泊の南朝王妃となれば、忠君とか正義とかの問題を別感情にして祖父の情として、ひとりでに競わざるとはいえ南軍に加わざるを得なかったであろう。越智・楠木軍の精兵が神器奪回の戦いに、禁裏参入の先頭に立ち上がった心理状態がよく分かるのであろう。伊藤清作家系譜に、禁裏参入の戦いに戦死された方の名前が記録されている。

多美姫が産みまいらした尚尊王のためというか、後南朝義軍の一武将として名家公文の家柄の名誉と義務感において、いろいろの感情が融合交錯して先陣に立ち上がってゆかれたことであろう。その内容はまことに複雑であり、著者といえども十二分に忖度することもできないでいる。

美作に迎えられた御名不詳の一後南朝皇子が、山名一族に歓迎せられて一族の女たちを捧げたことは当然であろうが、つづいて扈従の日野邦重卿や越智刑部大夫・大畠城・久保木城安東肥前守一族女が代々の妃となり、安東家滅びた後は日野有尚卿が土着して大庄屋豊岡与右衛門家女が妃候補になってゆくのである。植月御所内に安東徳兵衛の奥津城が存在するのも、その係り合いからなのであろう。

大和壺阪館からの御出発といい、尊雅王記載や越智刑部大夫は吉正城主になっているが大和越智氏の一族なのであろう。皇統譜も初めは参考になるが、下るにしたがいしきりに手前味噌が増えてきて地名の大和地方の盗用といい怪しくなってくる。しきりに後南朝正当論を主張するが記述の縁故地にあっても、御陵参考地さえ存在していないことは資料不足となすべきである。

五、苫田郡上斎原村隠棲の良明王

昭和二十年岡山県岡山地方裁判所津山支所に、「燼余八咫鏡、所有権確認並に返還請求」という不思議な民事訴訟が提訴され、やがて広島高等裁判所へと控訴されていった。毎日新聞社倉敷支局長橋田穂波氏は原告主張のなかに、美作国後南朝実在説が据えられていることに興味を持ち当初から取材にかかり、「美作国後南朝実在説における美作九代の王族」なる論文を発表した。しかしてその訴訟事件の内容は

原告　津山市小田中　田中千秋（70）
被告　英田郡作東町上居　春名義男（80）　被告　山口県下関市官幣大社赤間神宮宮司　水野久直
訴訟代理人　弁護士　光延豊（故人）　津山市椿高下　光延法律事務所

であるが、美作皇統系譜の終わりである美作第百九代良懐親王の第三王弟である良明王が故あって西西条郡の上斎原村へ行かれて隠住され、後にいたり大庭郡下和《シモカ》へ移ったとあるのである。真庭郡旧中和《チュウカ》村の下和のことである。御母は豊岡家二代目大庄屋である豊岡次郎右衛門家の女である繁代姫であるが、延宝八年庚（一六八〇）七月十七日の誕生である。そして庶民名は小椋彦右衛門名乗りであるが、これは大庭・真島の村々は山村が多く木地業と鉄山業で生活している。しかりとすれば良明王は木地造がお好きで、上斎原村へゆかれ小椋家へ弟子入りされ小椋姓を贈られ彦右衛門名を名乗られたものか、それならどのようにして美作木地師と縁をもとめられ連絡をとられたものかとということである。

第二には美作皇統系譜は大和国修験者及び大和木地師の人々が、美作の山村へ入り真言宗寺院の建設とともに木地業にいそしみ村々を創っていたものである。との説をも吟味しなくてはならないであろう。著者は小椋芳之氏の援助の下に美作後南朝皇統系譜の遺跡をば、三日間にわたり昼夜踏査したのであるが分かりにくい所がはなはだ多く、東谷の高野宮・二宮神社などは、まさに天祐神助ともいうべき親切な上塩の村人が、高野宮は知らないが二宮原に二宮神社なら鎮座している、という偶然であった。調査を終え幾つもある東谷の一つで、昼食をとった店が高倉神社の宮司の人というめぐり合わせである。

何れの神社・寺院にあっても社記・寺記共に後南朝記録は全くなく、存在しても別記の伝承記録で関わりはない。しかし記述の村邑・神社仏閣はいずれも名勝なので存在することは事実であるが、浮説にたいし迷惑がっていた。御母の実家豊岡家は大和木地師の定着者か、北植月には農林水産省の関西林木育種場があり、かつては豊富な木地資料の天恵の地方といえる。

美作南朝皇統系譜は尊雅王・忠義王までの系譜は、大和資料であり美作には無縁であるが大和資料で不詳である史料では不明なところが書き入れられてあり、系譜補完の役割はきわめて大きい。しかし大和高原で薨じられた忠義王系になっているところから、高原木地師系となすことができよう。あるいは摂津有馬温泉から三田地方に入っている家々が、美作へ入った形勢もすくなくない。

忠義王は御病身とはいえ三十五歳まで在世されていたのに、美作説にともなう美作・石見守護職兵部少輔山名政清（国持衆）女清姫以外に紀は見付からず、大和高原岡室御所での御在留でも遂に正妃の記録がない。正妃ともゆかずせめて御看護の女人名などあってしかるべきなのに、御母の皇后武野姫が侍しているのみである。それなのに征夷大将軍として紀伊の各地に遠征され、色川郷には令旨が宝蔵せられている。

すくなくとも美作史料は後南朝の女系譜についてはオーソドックスであり、参考にするところが少なくないが尊朝親王あたりから疑いが生じ、終わりになると荒唐無稽の部分が多くなってきて美作史自身とだんだん離れてゆくのである。尊雅王事暦に関しては鳥羽野見正庵を大和国十津川の大河内御所とし、足利逆賊たちに襲撃されたまい戦傷の御身を十津川河畔で倒れたまい、玉置山に入られて治療されたこと。高福寺を伊勢国南牟婁郡飛鳥村神山（コウノヤマ）の曹洞宗四法寺院の光福寺に当てれば、地名を変えれば少なくとも敗走の御行動はそのとおりなのである。『植付御所の真相』が多くの神社・寺院名をあげて美作後南朝由緒を縷述することが、寺社といえども後南朝を語る一行の文さえなく且つ由緒も全く異なっている。それは足利幕府を怖れてのため記述抹削行為の結果であり、実際は存在していたというのである。その証しとしては津山藩主森忠政が、『作陽誌』並びに『作東記』編纂にあたり、後南朝庇護を罪状として切腹を申し付けられたのではないか、となす結論なのである。

しかし紀州光福寺において、そもそも光福寺が文治年中（一一八五）敗将平維盛卿の開創に係わる寺院であること、また長録年中（一四五七・南朝暦天靖十四年）尊雅皇子を葬ると寺記に明記していることである。

すなわち十津川玉置山あたりで御傷悪化して薨去のため、玉骨を光福寺に葬るとも解され、御陵と共に正妃於藤方の御廟も安置せられている。境内広寛にも老樹鬱蒼として去りがたき想いにかられるものである。

『美作後南朝系皇統譜』の編纂者は、すくなくとも尊雅王の薨去前後の事情を熟知している人物である。すなわち美作皇統譜は大和越智氏女系をまもる一群であり、盟主が十三歳で薨ぜられることにより希望を失い改めて忠義王を奉戴した形跡が多く、爾今最後まで同系になっていることに注意すべきであろう。しかし皇子に信雅王を作らず尊雅王を以て断絶終焉にしてしまい皇子の名は記さない。これにたいし熊澤大然氏は尊雅王・信雅王を以て始祖となし、維持せしめているのが対照的である。王妃に於藤方廟があり紀伊国南朝史は、そこまではつづるのであるが、信雅王を書き上げず於藤方の出自を明記していない。大和史料が忠義王妃を上げず勿論尊雅王妃のことも書き上げてもいないのである。

㈠尊雅王は天靖四年丙寅（一四四六・大安三年）三月五日誕辰で南朝百二代。

㈡忠義王は天靖四年丙寅（一四四六）二月十五日誕辰で南朝百三代。

であり、忠義王は同年の誕辰であるが十八日早いにかかわらず、美作皇統譜では年長者をぬいて先に即位しているか、という課題であるがこれはやはり父義有王ゆかりの越智氏や楠木正儀家の女縁を否定することはできない。

神器奪回はじつに越智・楠木軍による奮闘によって獲得したものであり、それゆえに後南朝こそは神器を奉ずる正統王朝であったわけだ。尊雅王の女系外曽父は、その一大功労者でもあったのである。少なくとも美作皇位の順は尊雅王が優先しているが、これは説成・実仁両皇統の迭立とも解せられるが、その以外に後南朝宮廷の実力差順位とも看たいのである。また尊雅王を美作王朝が見捨てた原因の一つには熊澤大然系の独立が大いに関係があり、それが西陣南帝の御存在であり美作王系へ取り込むことが不可能になり、やむなく忠義王系を正統となした所以なのである。このきざしは大和吉野朝で特記されていないし、所々の記録より明らかにはされていないが、ある程度忖度することが可能であった。武田氏が山郈武野姫を南朝皇后となす記述も大いに係があり、これを無視することはできない。実仁親王妃が長慶天皇女の梅子内親王であらせられるのと同様に、著大なウエイトを存在せしめるものである。ちなみに武野姫の武は、名族武内宿禰に由緒せしめるものであろうか。

皇統譜に大靖年号を用いていることは、作者が大和国吉野郡人たることを証するものであると断ぜざるを得ない。すなわち尊義親王が第百一代をうけて、高福天皇に即位せられるのは三種神器併立のうえのことであり、それは嘉吉三年癸亥（一四四三）十月二十九日即位であり、九月二十三日に三種神器を禁裏より迎え近江国甲賀郡山村の山郈館をへて辛苦の難行のうえ大和国吉野郡河野荘へ御迎えしたのは十月二十九日前であるから、禁裏御所から比叡山頂へ、更に近江国の修験道飯道山をへて山村の山郈館へ入り、休息して大和国吉野郡へと山岳王国官道をつたって河野御所へ到着するまで、三十六日ほど要したことになるのである。

嘉吉三年癸亥（一四四三）十二月二十五日に年号が天靖と改元するのであるが、「更矢日記」などでは判定が不安定であるが、ここではきわめて明快である。これだけ明記していることは皇統譜の人物が南朝の中央部に在った人と見たいのである。ところがさらに美作南朝は改元を繰り返すのであり、宝徳三年未（一四五一）をして大明を号するのであるが、ここらあたりになると文字の悪戯にしかならない。すなわち康正元年乙亥（一四五五）をへてつづくのであり、次には天皇の代替をもこめてか大明八年戌寅

（一四五八）十月一日には、明応改元をなし、後南朝の皇業回復を決意するというのである。これは後にいたり正史が明応（一四九二）を用いるので混乱迷惑するところが多い。すなわち長禄二年戌寅であり、八月には小川弘光が護衛して、神爾は吉野郡から京都御所へ入洛されるのである。

それなのに美作皇統譜の作者は、忠義親王を苫田郡高倉村高倉東谷の高野宮に御座りあっているとは笑い話であり、大和から忠義・尊雅の両王と系譜を拉しきたり、縦横無尽に縁故近似の地名で後南朝史を語ってゆくのである。無智の郷人の心理を惑わすところかぎりなしというべきであろう。もっともらしく天靖につづき大明（一四五一）と明応（一四五八）と二回も改元しゆくのである。

享保六年辛丑（一七二一）十一月廿日寒の入の寒い日の氏子駆では、美作西西条郷人形仙の樋ヶ谷では小椋七兵衛家、同長瀬山では小椋彦右衛門家が六人分の氏子駆を納めている。さらに彦三郎・彦四郎の家々があるから同族なのであろう。拙著『木地師支配制度の研究』からはさらに徹底した彦右衛門名義を追跡分明するが可能であるが、あまりにも他愛もないピリオドである。

作州西西条郡恩原邑とは、苫田郡上斎原村字恩原のことであるが、美しい小湖の畔りの五軒在所の村落であった。丘上から眺める湖は紫に輝いており、中世にあっては原始の樹林のなかにあった神湖であったろう。邑長恩原重左衛門家は伯耆国赤碕城の宿老であった武将の落城定着が永住した所である。その文書を被見したが、深い山間には世に容れられなかった人々が遁げ入り定着している。ここで小椋彦右衛門家を如何に解釈するかは、今後の研究にまたなければならない。

上斎原村赤和瀬出身の上川博氏も熱心な研究者であったが、後南朝良明王・小椋彦右衛門の入村のこと

について は報告していない。したがって小椋一族の間でも、記録文書の達人ぞろいなのに文書にしていないのである。

『木地師支配制度の研究』三一九頁に、因州奥山新田杓子屋一軒というのがあり、作州右手山木地屋村と因州智頭町をつなぐ右手峠の下の村落であり、さびしい村で二、三人の子童たちがあそんでいた。ここに

一三匁五分　うしこかり　八人　はつを　七兵衛

があり、そのつぎに異様な記述が見えていた。

京願主　や　よ

京　中山侍従

御歳六歳

正徳四年甲年（一七一四）卯月十五日

御所　十四拾三、子ノ御年方ニ御座候

京八歳亥ノ御年女子、実母方江御帰リ候様ニ奉願候

氏子駆　子年女　半（はん）

横谷木地屋

というのである。このおりの巡回神主らは何人なのか明記されていないが、さすがに心打たれて一筆したものであろう。都から因幡と美作との国境山麓へのがれてきている中山侍従という少年公卿は六歳のあどけなさである。少年の姉は八歳の女子であり、御母らしい方は子歳生まれ四十三歳の婦人なのである。実の御母のいます都へ帰らしてほしい、という少年の願頼なのである。同じ子歳生まれのはん女は中山侍従の侍女なのであるらしい。そのはん女が智頭山中に七兵衛家と同居しているのは七兵衛家の孫女あたりになるのであろうか。七兵衛家とははん女をつうじてのつながりか、それとも御所の都にいます四十三歳婦人との縁戚なのであろうか。たまたま諸国巡廻の神主たちの歓迎宴に侍って童の侍従は神々にかかさまに会えるようにして下さい、と懇願するのである。中山大納言家は勤王士中山中納言として大和国吉野郡に活躍され、近くは明治天皇の御生母二位局の御実家でもある。侍従は従五位以下で、おそらく中山家嫡男としての叙位なのであろう。その中山侍従が如何なる御事情で都を避けて因幡の深山で身をひそめておられるのであろうか。まず考えられることは、第一に中山侍従の御母または御祖母が小椋氏出身であって中山侍従を産み、何らかの事情で御立場が悪くなり身辺に危険が生じてきたので乳母らしき半女につれられ七兵衛家へやってきた。というがごときケースなのではないかと思う。事情が分からぬ因幡につれてこられた中山侍従は母恋しさに、巡回してきた神官に訴えているのである。何とも突飛な記録であるが真実そのものであり、この内容を如何に解釈するかが今後の課題なのである。

大明・明応年号の改元は悪戯にしては随分ではないかと思われるが、いったいどのような意識でこのような発案をはじめたものか多くの疑問がある。この系譜を公開することによって作者は如何なる利得を入手するものか。意図するところに理解に苦しむものである。それも正史とは異なる空想のごとき年号を作り、何らかを自慰し画策を計っているがごとくにも見えるのである。

六、後南朝研究における木地師学的解釈

土佐国の「安徳幼帝潜幸記」、会津・越後の「高倉宮以仁王御伝説」「美作後南朝皇統系譜」など追求してゆくと、ひとりでに木地師制度に陥入してしまう。いずれもが山間のことであり、木地師と有縁の土地ではあるが、さりとて豊富にして正確な系譜はどのようにして作製されたものであろうか。

井光伊藤清作宗家文書の「川上朝拝実記由来」に、つぎのような文字が見えているところに注意すべきであろう。すなわち

「抑、南朝後醍醐天皇より御累代々之御難苦を被為成なるを世人知るといへとも、元弘の始め笠置山・北国筋南方ニおゐて御代々、或ハ山川之戦ひ御座所之定めもなく御艱難被為在、又忠臣之もの共ハ命を軽んじ忠義之義臣も追々国賊等のミ、為ニ討死をなし上ハ僧となり臣ハ山伏となり百十有年所々ニ艱難御困苦

一天万乗之国主たる如斯、夫れ元弘以来川上公文庄司郷士之銘々恐多くも、御宮之御傍近く被為召守護を命せられ何国ニ遷幸坐しまし、片時も離れし事なし、伊藤大夫時秀を始め加藤・和田・近藤等之郷士銘々、長禄元丁丑十二月三之公焼討迄之大忠臣也」

亡朝の忠臣たちもやがて国賊とさげすまれ、山川の戦闘に敗れ給い御座所とてなく討たれはてて終わるのである。その結果やむなく上ハ僧となり臣ハ山伏となり百十有年にわたり、各所に艱難困苦なながに漂泊をつづけてゆくのである。その忠勤の苗裔たちこそ美作後南朝となり、冨士谷後南朝となり、岩代南朝天皇となって後南朝滅びざる義幟をかかげるのである。そうでなくてはかくも整備され後南朝皇統譜は存置することはできない。

上士は僧となり下士は山伏となって皇胤を奉載して、まず美作の山中に入り駿国冨士の山麓の入ってゆくのだ。系譜の後半に至っていささかあやしくなってくるが、前半の皇統譜は大和吉野郡史料不詳の部分を氷解せしめて遺憾ない。しからばここで僧とは何かというに、おそらく真言密教に失意をよせた吉永宗信法師のような高僧であったろうし、山伏とは大峰山修験の方々であったことは間違いない。すなわち美作国苫田・勝田・英田郡の後南朝の由り地方には真言寺院や大峰修験道の堂宇が数多い。しかし歳月の流転にともない何時しか後南朝の史料も消滅し、かなしい伝説しか遺さないようになってしまっているのが現実なのである。また諸国にのこる後南朝伝記も単なる武将の筆とは思われず、系譜の正確たるところから学識のある扈従公卿の筆になるものとしたい。日野右近衛少将や洞院実澄卿・羽室侍従の存在であるが廃朝数百年、後南朝王権の存在しての朝廷であるから散りぢりになり、わずか美作鳥羽野に日野氏末流の定農した豊岡家があるにすぎない。

紀州色川郷には忠義親王令旨が多く下されているが、書式も正しくやはり侍従の手になったものとしか見られないから、御傍近く朝臣の存在を確認するわけだが未だ後南朝における役割のあとをおさえることができないでいる。

南帝の盟主を失った吉野山岳武士団の烈人たちは、つつしんで奉葬のうえ闇夜に燭をうばわれた忠勇の諸士らは愁歎のすえ意気消沈、剃髪して僧となる仁あり母村へ帰農するあり又紀伊国一志郡起津の北畠宗家へと走るあり、おもいおもいに落ち延びていったと吉野郡古書は記録している。しかし更矢日記は行をあらためて「斯くて此の世は逆賊足利の世と成り畢りぬ。然るところ諸国合戦の巷と那りにけり。其の後応仁ノ乱小倉宮の御裔壺坂に忍ばせ玉ひしが西軍の大将美作国山名持豊の奉ずるところとなり、御入京被遊れしが合戦終に及び御行方不明になり玉ひし也。誠に恐れ多きに至り、毛津たひける記事也」とむすんでいる。ただお一人残らせ給う稚き尚尊王は井光伊藤館に隠れ忍ばれてあり、それ以外に小倉宮実仁親王落胤とは一体何王なのであろうか、まさにけったいなる風聞伝聞の御事ではある。鬱勃たる哀しみのなかにある南朝遺臣たちにとって、身は僧となり山伏に姿をやつしても押さえがき忠君の心情は消えがたかったのである。

七、美作後南朝皇統譜の疑問点

美作後南朝皇統譜の内容についての疑問点を圧縮してゆくと、何人かの作製かということへしぼられてゆくのである。編著者の所在と場所の位置が次第に判明してゆくのである。しかしそれは前半であり、後半はすでに皇統とはなれてしまい、自己撞着の嫌いが少なくなってくることはさけがたい。

(1)大和吉野郡における後南朝説をいたる所で嫌い、紀州色川郷へ忠義親王の令旨を探り入っておりながら、極力川上郷・北山郷での調査をさけ、立ち入ろうともしないこと。そのくせ河野・北山名にこだわり美作国内で河野・北山を探して北山城を以て、それに当てているごとき所業である。

(2)尊雅親王を以て忠義親王に優先して即位させて、尊雅親王第一位説を採っていること。そして尊雅親王を取り上げておきながら御一代でしりぞけてしまい、熊澤大然系が王子信雅王をつないでいるに拘わらず切り捨ててしまっていること。

(3)大和国高市郡高取城主起智氏一党を採り入れていること。

(4)尚尊親王の御母が河上郷井光公文伊藤五良大夫祐国の女であるのに、武内氏山郁蔵人女武野姫となしていること。

(5)梅子内親王を以て長慶天皇第一皇女とし、小倉宮実仁親王妃として良仁・義仁・尊義親王御母としていること。

(6)尊慶王の御母を平大納言経泰卿の女としていること。

(7)尊秀親王御母を武野姫としておりながら、別系として美作皇統から外していること。

(8)忠義親王を主系にしながら尊雅親王を優先させて第二位としていること。そして御母を皇后武野姫と特別に記し尊秀親王との皇統を差別していること。

(9)日野邦重・有尚卿系を取り入れていること。日野家の人々は北朝側にもつき又南朝側にも分かれているが、禁裏参入奪回前後には軍師格をなす家柄であり、皇胤美作流遇にも扈従していったものとも考えられるが、南帝王時代すなわち川上卿時代には離反してしまっている。ここでは美作王朝に付随していることになっているのだ。

⑽美作では大和国吉野郷のように筋目というのが、鳥羽野邑のみに類似するものが存在し、豊岡・飯家・前川・酒本家のようであるが、植月村一円にも筋目の家柄は存在しないし、朝拝実記や筋目掟もない。さらには文書記録の関係地についても判然明白であるが、美作の社寺では美作後南朝記については全く知らないし記録文書もない。御朝拝式典については吉野郡の川上村外の町村でも、奈良県内は勿論畿内各地から参拝に見えるが美作にあっては植月御所の存在を知らない。

⑾『上月記』では御兄弟宮を同時に弑しまいらしたことになっているので、二ノ宮忠義親王の所を省略したのではないかと憶測するが、皇統譜では御生存でありその御子孫が永々とつづき、皇位譲渡を後水尾天皇に要請するし、帝もそれを御承認なさるというのである。このように『上月記』と後南朝皇統譜説とは同じ内容であるべき筈なのに食い違ってくるのである。すなわち美作後南朝史は斉一を欠いているわけである。

⑿美作後南朝史を大和後南朝史側から見れば、大和史を大きく取り込んでおり、地名も大和国内地名を合わせている無理をしていることが指摘されよう。いったいこれはどういう意味のものか。ただしこれは無名の系図編作者個人のもので、一般的というか公的なものではなく、謀略系図たることは疑いないのだ。しからば何のためかの謀略系図作製かの原因を探求すべきであり、それが第一条件なのであろう。しかしてそれは如何にして進捗せしむべき問題であるのだ。

(13)山郡に潜入した後南朝皇統らが、山岳王国の人々の住む山郷とは代々悲運の王朝を包容する勤王山郷である。競わざる敗北の若宮たちを迎え支えた吉野山郡は、南朝皇子を支え実に七十年の長きにわたり抗戦を継続してきたのである。全国に蜂起する南朝義軍は南朝皇子を擁立して北朝廷の御悩したらしめたのである。しかし御運ひらかれず悲運の後亀山帝の直孫宮は大和吉野郷へと御潜幸になり、今や完全な敗者側にお立ちにならざるを得なかった。やがて御潜行記は御自らの御保身のために抹殺し、残されたものは権力擁護のために改竄されたという説は受け入れがたい。植月御所への落魄の身を運ばせ給うた無名の後南朝皇胤をかこんで、忠勤の大和義臣の一人の修験者らしい人物が哀調の後南朝史を近辺の名勝社寺にからませて、作製したものとしか思えず、そのように現地踏査の結果断定せざるを得ない。それが歴史科学の判定結果なのであり、後南朝皇胤及び後南朝遺臣たちの姿であったのである。

(14)本能的な始祖顕彰の立場においての見解

敗れたる名門土岐氏の残党は美濃国揖斐郡の山岳地帯に逋げ入り、粕河轆轤師郡に救済されて仲間入りを許容され立藤紋藤原氏一族を形成している。楠木一族が足利軍から悪党呼ばわれていた河内国山岳の散所人の出自であり、義有王の御母が忠臣楠木正儀の女であったように、後南朝皇子妃の出身には山岳王国の女が多かったごときである。しからば山岳民族あるいは山岳王国とは何か、それは実に我が国の原初民族の一大集団であり川下民族たちの始祖民族なのである。

(15)赤松史料集所載の『上月記』はもっとも原本に近いものであるが、史料としては大和史料と齟齬する所はなはだ多い。しかしそれは当然のことであり、すなわち立場が正反対なのであり且つ敵味方なのであるからである。執筆者として人間も違い目的も異なり自己弁護を介在するであろう。すなわち「佐藤彌三郎播州三草山ニ出張」など植月御所記録と符号しているが、大和吉野郡川上村の南帝記由来とは違う所が多いし、中谷順一氏も『南帝由来考』において指摘している。

堀秀世、上月満吉連署条書くの南方御退治条々において、間島彦太郎は『南帝由来記』による間嶋次郎政則のことか、ということである。

第二は中村弾正忠は『南帝由来記』における中村五郎祐直のことであるのか、などである。

第二項の次年長禄元年丁丑（一四五七）十二月二日夜子剋丹生屋帯刀左衛門尉、同四郎左衛門尉、於吉野奥北山両方、について村田正志博士も意味不明となしている。誤りがあるのはあたりまえのことであり、正鵠は研究者の判断になされるべきである。

第三には現地に合致いていない所であり、それは美作史研究者たちも指摘しているところであり、且つ又一級史料として取り扱っていないことに驚ろいた次第である。後南朝研究者たちが第一参考文献としている『上月記』が美作の現地にあっては、問題にされていないことは自己撞着であり正史を偏向せしむる所多いという意味であろうか。

二　甲州・秋山村における吉野朝時代の二つの伝承

山地　悠一郎

同村における伝承中、吉野朝時代におけるもの最も興味深く、中就、これも絞りて一つは睦長親王伝説として、また一つは中世としては心温まる「ひなづる伝説」として近辺に多くの遺物と口碑を残すものである。

「ひなづる伝説」については近隣市町村において、或いは他の刊行書などにおいて知られ既に多く語ることないと思われる。

護良親王の伝説を考える場合、ここ相模原の地は、伝説の中心的存在であることを忘れてはならない。「太平記」による鎌倉における護良親王奉暗殺の件は、命は足利直義によるにしても手を下したのは淵野辺の地頭であり、国鉄側の方より、境川の根岸橋に降りる斜面にその館跡なる一帯が在り、碑も建っている。碑文には奉殺したと見せかけて密かにお逃し申したとの言い伝えのあることも、附記されている。

これが所謂〝淵辺忠臣説〟であるが、前県議でもあり市長でもあった小林与次右衛門氏の力説するところであった。おりしも相模原の地軍都計画の推進されるさなか、逆臣出身の地に軍都とは……の問題が起こった際、氏は県議会で滔々と淵辺忠臣説を打ったことは有名である。

奥州石巻にも古くから伝わる〝淵辺大忠臣説〟がある。石巻独自のもので由比ヶ浜から海路をお逃し申した、として親王を祀る一皇子神社その他、おつきの武将の子孫も現住する。淵野辺邸跡というのもある。大正時代に発刊された、高橋鉄牛氏の著が有名で、日本国民にして皇族を殺し奉るべき者があろう筈がない、との理念に一貫したものである。

さて、古い人ならとも角、現在で淵野辺伝説は、義博が密かに御助け申して一旦自らの館に留め、そのあと、石巻にお連れ申したとの附会伝説となり、その点、石巻市との交流もあるが、微妙な点では喰い違いの生じるのも止むを得まい。なにしろ六百年もの前のことである。「義博、親王を殺し奉らず」の大前提で意気投合すれば細かい問題など、そうかも知れない、ああかもしれない、となり、とにかく淵野辺には義博が妻子と別れた「縁切榎」が、そしてまた、別れ御惜しんだ「別れ橋」の謂われが現存している。

かって戦後しばらくしてのことであるが、石巻の親王の従士の子孫と称する方が相模原を訪れ、御自分の出身地なればと祖先を尋ねられたが、七人の従士のなかのそれらしき氏名、或いは伝承を伝える家は見当らなかったそうである。私はその中のお一人と連絡をとり、後日其の方の御出身地が信州であること、それに付随して、二、三のことを識ることができた。

越後にも大塔宮伝説があるが、淵野辺伝説によりその生存性が聊か立証された趣きがないでもない。要するに護良親王の生存説は淵野辺の地を忘れては語り得ないとも言えよう。

更にもう一つ、首級埋葬地に関する伝説であるが、その最たるものが「ひなづる伝説」である。鎌倉の牢にて奉殺され斬り落とされた首級を抱いて相州から甲州秋山村に旅をする雛鶴姫の伝説である。「太平記」による義博は、斬り落として親王の首が折れた剣の切った先を噛み咥え、生きるが如き眼を耀しているのに怖れをなし、これは主（直義）に見せぬがよかろうと竹藪に投げ捨てて帰った後、侍り居し雛鶴姫が泣く泣くお首を抱えて京に戻らんとするが、東海道は中先代の乱（北条高時の一子時行が諏訪一族らに擁されて鎌倉に押し寄せ、一時は鎌倉を回復する）で兵馬でごった返し、大山を迂回して津久井から秋山に至るが、ただならぬ身の姫は秋山の無生野で産気づく。折しも正月を翌日に控えた歳の暮のこと、また大領より不審な者を泊めることはならぬとのきつい触れにより、寒さの中、松の枝を敷いて姫は王子を出産するが難産のため亡き人となる。現在、秋山村から都留市に越ゆる峠を雛鶴峠と呼び、無生野の部落には県の無形文化財となる大念仏の行事が残されている。雛鶴神社は秋山村と都留市の旧盛里村の二か所に在り、やはり夭折した王子、綴連王を合祭し御供の松と称する、その年代を思わさしめる巨松も見ることが出来る。

「ひなづる伝説」は、美意識の乏しいとされる南北朝の時代になぜか人々の意を惹く温かいものが残る伝説である。相模原は鎌倉から戸塚、そして北相に至る通り道で、或いは雛鶴姫の旅路に当たっていたかもしれない。遠く津久井の山々を眺めながら険阻な山道を身重な躰で旅する姫の心情に想いを馳せることも歴史を学ぶ者の心得の一つでもあろう。

「太平記」には首級は理智光寺の長老が埋葬するとあるが、現在の鎌倉宮より歩いて五分ばかりの山頂の宝篋院塔がそれである。しかしこの処が親王の墓所と決定したのは明治二年に鎌倉宮が建てられてから十年ばかり後のことである。宮内省でも本当の首級埋葬地が何処であるか調査していたわけではある。雛鶴姫の伝説は中世としては心温まる悲しくも美しい伝説であるが、姫の生み落とした一皇子につき各書まちまちでその生育さだかでない。王子のご名については綴連王《つづれのおう》とも葛城《かつらぎ》王子とも言われるが歴史家の間には、この王子こそ陸長親王をさすものである、との考えもある。

陸長親王の伝説は別個に伝説集団を構成しており、共に護良親王の王子ということで附会したものか或いはひなづる伝説の延長なる者と判断すべきか遽かには判じ難い。しかしながら陸長親王の伝説についてはは若干具象化された古文書などであり、かつての山梨県に著名な考古・歴史学者である仁科義男先生の論考もかなり説得力の強いものである。順を追って氏の論考をみることとしよう。

先ず同村字無生野の菊池家に伝わる文書についてみる。この文書羽部家譜と称し宝暦年間のものと伝えられ羽部月吉の増録するものという。

同村字無生野菊池家に古く伝えられる文書を左に採録してみる。

綴連王系譜之抄書

後醍醐天皇二皇子大塔宮護良親王之王子

葛城宮綴連王之苗裔

世祖葛城宮征夷大将軍綴連王御母北畠准后大納言之女門位の内侍なり先王巳而孤局在て育て見るに健武中吉野葛城列樹の宮に往て故に綴蓮王と称す（以下中略）王賢良を求めんと欲して考王の侍臣赤松則祐敵中に在を訪い播州に赴き則祐頑にして言を須いす去って北京に帰り哲人有を窺い国器無きを知り将に南朝に反らんとす丹波を歴て一人を得遂に則祐を伐て克たす王河内を巡り王気を観る相る所なしすなわち舊宮に復る賊将足利義詮和を請けう之を許す京師に復らんと欲して朝議約を變する計あり宮軍敗績す王すなわち出て征んと欲し暫く勅命をまつ帝詔して征夷大将軍を援く（以下中略）王宮家を焼き京師に入るを計る帝驚き反って責む王日蓮に非ず（以下中略）王すなわち出奔して山に入り日に野臣寺の合器を彫刻するを見て業を受く（以下中略）去て東国に赴き勢江濃信弾を跋渉して甲斐に至り古者親王所知の国を思い隠居をトさんと欲して青柳に止りまた去て東の方笹峠を跨り初狩山中に住去って平郡《ひらぐり》に往き萱原《かがみはら》に移り止まる可らす又雛鶴を超えて秋山に入自王族と號し佐藤杢の女を娶り一子を生み天神将来十種の宝物を峯に安置し御比禮山と名付く

次に正史に記する所の陸長親王に就いて見るに（大日本人名叢書に依る）

「陸長親王（古本帝王系譜に興良親王に作る）は護良親王の王子即ち後醍醐天皇の孫母は源親房の妹幼にして勇気あり帝これを子として養い親王となす後村上天皇位に即くに及授くるに征夷大将軍の任を以す興国二年夏親房迎えて常陸を鎮す親房軍破るるに及び行在に還る正平六年赤松則祐南朝に降り陸長親王を奉じて主将となさんと請うこれを聴るす陸長親王播磨に行く則祐また反して陸長親王を京師に拘う後但馬

の人親王を奪いて丹波高山寺城にはいる本荘正太本荘平三これを奉じ但馬丹波を略定し進みて播磨に至り則祐と冑山に戦う平太、平三、戦残す陸長親王河内に奔る後諸将数々これを奉じて主せんことを請う帝其材武を惜しみ皆許さず十五年敵大挙入りて冠す藤原隆俊戦敗れて朝廷摂す陸長親王兵を領して自ら効さん事を請けう帝すなわちこれに配するに赤松氏範即ち吉野十八卿の兵を以ってす、陸長親王既に兵を領して志變じ気驕り冠乱に乗じて十八卿を并せんと欲し密かに兵を足利義詮に遣し約を定め兵三千を率いて銀嵩に登り賀名生の行官乃郷土の弟宅を焚く人能く其の意を測るなし以って奇計敵を脅かすと既にして變を告くるもの相継ぐ帝すなわち前闘白師基をして千余騎を将いてこれを討ちしむ兵士望見て始めて反謀るを知り忿怨潰散す留るもの五十余人氏範創を被りて走る陸長親王奈良に奔るその終る所を知らず。（大日本史戦）」

とあるが、この變は正平十五年（延文五年）夏の出来事であって、今を距る五百七十年程の昔であって、親王の終焉は分明していないのである。前記秋山古文書が茲に関連していたことは勿論であるが、同村に潰れる年中行事に一つの奇習が存在する。

この風習は同村が総百年かむかしより正月の門松に莽草を代用していた事実である。莽草は本草に言う之岐美なる植物にして、木蘭科に属する本植物は古来佛事に供せらるるを常とするものにして、これを吉例を表する門松に代用するに至っては何等かの深刻なる原因を伴うものなる事が首肯されるのであるが、今月同村の菊地家のみは昔日の儘に庭先に二本の椚の抗を立てその先端を割りてそこに莽草の小枝を挿入するのである、数年前までは全村悉く是に習えり、今里人の言う所に依れば、昔し陸長親王が御崩去になられたので、戸々莽草をたて、深く弔意を表し、その喪に服しつつ正月を迎えるに至ったが、吉例として松を飾る事を遠慮したのであって、其れ以来此事を守ることが習慣となられたと言うのである。

この異習は、日本広しと雖も、他に類例の無きものであろう。接するに素撲なる里人が親王を高貴の方とし尊崇深かりしに依るものと見倣すべきか。

大原村福泉寺由諸書及三嶋神社の懸佛

秋山村字無生野部落より倉獄の西側鞍部を越したる処は即ち大原村字小篠部落にてして、それより約十町程の西方に字藤崎、岡、の部落がある。茲に真宗の福泉寺なる寺院が存在する。同寺の前々住職小笠原恵耳師が明治二十年八月六日附を以って、県に差出たる文書に、左の如きものがあった。

山梨県北郡都留郡大原村藤崎組
真宗福泉寺住職
小笠原　恵耳

甲斐国郡留郡羽奥庄片平ノ里
福地村岡野山法泉寺

由来

当山開其俗姓清和源之苗裔小笠原左京之大夫長清ノ舎弟同所兵庫ノ頭宗ト称ス旦ツ一ノ谷ノ乱ヨリ当国エ落王従於秋山郷ニ山野ヲ切開農民ノ長トナリ然ル処安貞年中宗祖親鸞聖人当国御化導ノ時兵庫ノ守宗清所領政務ノ折柄於途中偶遇御弟子ト相成法號附嘱者也　干時建長七乙卯年秋山郷寺下ニ一宇創立此処弘法大師ノ霊アリ世ニ増水ト称ス是ヨリ武術ノ道場弓馬ノ辻有
開基浄存上人弘安八年酉二月十八日行年八十一歳ニテ往生

又別ニ
信試院光連義宗大居士
応永九卯三月十六日死ス寿七十三年
葬償者秋山之郷無上野エ葬ル
俗名　綴連樹ト称ス

佛　像　寄　附

行基大師御自作十一面観世音菩薩
葛城綴連樹守護根来ノ本尊也
先君為謝徳右霊寄附仕依之永世謹而崇敬勤務有之度依之候也

寄附主
行　満

干時文亀三年　　正月　　日

当山法泉寺を改福泉寺ト称ス　開基ヨリ伝燈相續ス去ル弘治元乙卯秋八月六日焼失ス則チ弘治三巳年秋ヨリ藤崎之移転候也

右行満ノ観世音往古ヨリ別堂ニ安置今ニ現在仕候也

明治二十年八月六日　　右

小　笠　原　恵　耳

右恵耳師届出の文意によると、同寺に所蔵せらるる信誠院云々の法號は即ち陸長親王であって、應永九年（一四〇二）三月に死せられて、無生野に葬られたので、また、文亀三年（一五〇三）に佛像を寄附せられたるは、前出系譜にみる元晴の中男にして、即ち陸長親王の曽孫であった。尚お同寺は親王死去後百五十五年の間秋山村字寺下に存在した事が知れる。

次に三島神社所蔵の懸佛に就いては、甲斐国志巻之七十二神社部第十七下に云

「掛観ニ面中鋳一佛像ニ縁有一文字一日殿上郷大松之大明神應永十九年九月八日旦那行永」とあって、既に文化年中その存在を明瞭にしてあった。筆者は一昨年之れが実測によって形態をしるものであるが、即

ち直径二十七仙、前記の銘文は右方偏縁に殿上郷云々、左に應永十九年云々とあり、中央に薬師座像を鋳出し頭上に不明の種子を陰刻したる極めて簡素なものである。右銘文中の大松山は、同社の南方なる山にして、山上に昔時小嗣が存在したことを伝えてられている。寄進者行永は本問題に就いても最も重要なる人物であるが、これに封する関係文献としては、神社所在地なる殿上組と、大松山南麓なる小澤組との同山入曽に就いての訴訟済口にして、その分中に（寛政年中　二四四九　二四六一）『昔し天神平の大桜の根元に高貴の方が木地挽をなし居り』」云々とあるのは注意すべき事である。

秋山村に現存する吉野朝前後の遺物

筆者の見聞するところに依れば、秋山川渓谷のそれとには、相当なる距離の存する事を認めているが。是は勿論第二項述ぶるが如く、その地理的関係によるものだろうと考う。

本稿には是等の遺物に就いて記し、同時代文化の移人に就いて考察を進めてみよう。

（一）和　鏡

まず第一に挙げるべきものに、無生野神明社所蔵の和鏡四面がある。此和鏡に就いては、甲斐国志巻之七十二神社部第十七下に示

『神明社無生野にあり神鏡三面、径二寸五分』

とある。この神鏡は現存する和鏡四面の内であって、先年筆者の詳細なる実測をなせしものであるが。茲に其写真を掲載する事のできないのを遺憾とするものなるが。参考として前博物歴史長であって、故高橋健自博士の証言を掲げてをく。（計測の数字等省く）

1、松樹双雀鏡　鎌倉時代（一八五九　一九七八）製作

2、新月山水双雀鏡　同上　後期製作

3、菊花六曜散双雀鏡　同上

4、蕉巴千鳥鏡　平安時代（一四四四　一八五八）製作

このほかに同部落原田由太郎氏所蔵の和鏡、菊枝双雀鏡一面及び源瀧不動堂阯発見和鏡二面等を挙げる事が出来る尚この他にも同様のものが全村内に現存することを予想するものである。

（二）板　碑

これは鎌倉時代の宗教的遺物（特に関東方面）の一つであるが。本村は到るところに発見されているが、中にも字古福志佐藤福郎氏所蔵のものは、一ヶ所より発掘したるものにして、六枚を現存す。筆者が今日まで同村内で見聞せるものは計十枚にして、其の造立年代は弘安より至徳に至る左記の如きものである。

弘安九年（一九六四）　元亨三年（一八八三）　元弘三年（一九九三）　観應元年（二〇一〇）　貞治六年（二〇二七）應安六年（二〇三三）至徳（二〇四五）

以上の他にも村内に未発見のものがあり得ることが予想される。即ち東端なる一古沢、桜井、等の部落は、筆者の未調査成る事を附記する。

(三) 其　他

其の他に属する者には佛像、舎利塔、墓碑(五輪塔　宝篋印塔)なぞであるが、舎利塔や佛像は敢えて鎌倉期とか吉野朝時代に限る遺物と言う可では勿論ないが、記載分類の都合上項に一括したるものである。無生野鎮座の前出和鏡四面が宝蔵されている神明社内には、優秀なる木彫の牛上十一面観音像が御神体となっている。是は御霊代なるがゆえに、筆者等の実査を許さざるものでかるが故に、茲には記載を省く事にする。

探聞するところによれば、高さ五寸余の牛像の背に蓮臺を置きそれに安置せらるたる、約六寸ほどの座像で、頭には瓔珞の宝冠を戴いているとの事である。

此牛上の十一面観音を神体に祭れる為、古来より牛飼の入村を禁ぜられておりと言うのも一種の奇習である。

同神社の付近某舊家の所蔵にかかる十一面観音の座像は、小厨子に納めたる所謂る守本尊の形体をなす金色像にして、精巧なる(木彫)作であった。某家では之を古来極秘として、人目に触れる事を厳禁されていたものである。尚又同家にはこれと共存する精密なる舎利塔(水晶筒、金銅蓋、伽羅樹甍)一基並に、和鏡(神明社同列品)一面のが現存している。

次は五輪塔や宝篋印塔の存在であるが、同封遺存のものは、比較的古式のものにして、屢々村内の各所に於いて触目するのである。

以上、仁科先生の調査論考書において諸搬の解説を得たが、福泉寺住職よりの届け出によれば、親誠院光連義宗大居士は綴連樹王であって即ち陸長親王にして、秋山において死去されたのは應永九月三日、寿七十三なるが故に、吉野山中に入り足跡不明となれれしより約四十二年後であり、王の御生年は元徳元年（一三二九）となりひなづる伝説による王子出生日とは約四年の食い違いをみることになる。ひなづる伝説においても王子は妖切にあらず後年この地を懐かしみ戻ってくるという説もある所をみれば陸長親王（綴連王）との附会を考えたい意表の願いが察せられなくもない。しかし綴連王の名は強くひなづる伝説の中の口碑にもあり、前述四年の差ばかりにこだわるものも良いことではあるまい。

仁科先生は断安において陸長親王終焉の陸墓問題について次の如く述べられる。

筆者は以上の記述を進めるにつれ、頗る重大なる最終的断安でなければならぬ。陸長親王終焉としての表徴である。陸墓問題に逢著するのであるが。之にかんしては同村内又は附近にその実在、或いは伝説地の有無に就いては最も慎重、且つ厳密なる調査研究と、而して同時代以後に於ける、親王足跡にかんする一切の文献上の考証はいうまでもなく、陸墓伝説地の発掘調査などに俟つものである。然るに此重大なる調査に就いては未だ筆者等は何等の智識を有せざるものであるが、茲に一二の伝説地を掲げて注意する。

同村字無生野西南に秋山川に合流する一小渓流の岸ブチ澤（武士沢と云う）と称する地域に於いて数年前農耕中多数の土器（形態多数）を発掘したる事実があり、二年前同所より又宝篋印塔の九輪部が発掘された。著者は同所附近に於いて多数の弥生式土器破片並に埴部土器破片の散布せるを見た、其当兹より発掘せられたる該土器は貝一個だけ現存するだけにして、他は全部河中に投棄したものである。共現存せる一個は花瓶形を有する祝部に属する一般的ものもである。

次は矢張り同部落の西方なる雛鶴峠の東麓にして、兹に鎮座せる雛鶴神社の社側の桑園中に一個の大石が存在する、村人伝言う、この付近を清浄にすべく決して此石に触れる不可ずと禁じている、道は推測するに村人が崇敬せる故人の墳墓なるべく、また神明社北方小山嶺に近く地盤の陥落せる事を数年前発見せられたるが、内部を発掘探査せず埋没したるものであるが、其の位置は同部落中最も眺望佳良の所にして、貴人の墳墓造営に好適地と言う可なり。尚又峠向かい側なる盛里村字曽雌石船神社附近には御陵《ミササギ》と称する墳墓あり、数年前発掘に依り内部の石槨内より種々たる遺物を発見したりと」言うも現今散逸して見る可もの無は最も遺憾とするを見る。

此他字原部落の子の神附近にも偉人の墳墓と見倣すべき外観を備うるものあり、其他横穴式墳墓は村内所々に存在するを見る。

私は主としてひなづる伝説を追求する目的を持って幾度か秋山村内を訪れ、また東の入り口である津久井町から奥牧野を抜けて長い秋山村内を歩き、雛鶴峠の旧トンネルを抜けて盛里（現都留市）に至り、なおこの地区に存する該当伝説の存在を見たりした。

津久井青山に存する応安四年銘の宝篋印塔、これは「千部塚」と呼ばれ、地元の郷土史家である平本一知氏の研究するところであり、其の年号と周辺光明寺等に伝わる伝承よりしてひなづる伝説との関連が考えられ、護良親王関係の何らかの供養が行われたりとするものである。

西口に当たるトンネルに至る無生野部落より少し登った処に秋山川の源流を思わす流れを渡って聊《いささ》かの平地が在り、そこの小嗣が雛鶴神社である。新トンネルが開通すると共に、この辺り道も良くなり碑も建てられて体裁が整ったが、以前はまたそれなりに朴卒な伝説を秘沈せるが如き面影が残っていた。特に残暑のころは道路沿いに咲き連なるサルビアの花、そして屋敷ごとに咲きちりばめられる百日紅の幼ない紅色の空が旅情を誘うのである。トンネルを抜けてやや行くと流れが道になった朝日川を渡って凡そ道を間違ったのではないかと首を傾けながら三十分間ばかり草深い雑木の中を進むとこちらは盛里村の雛鶴神社である。

まこと六百年を思わず樹齢の巨松が二本、所謂御供の松である。さらにやや下ると大樹のしたに護良親王の保存首級を祀る石船神社がある。年一度正月に礼拝の義がある。さらにこの辺りから富士吉田方面にかけては宮下文書に記載のある護良親王伝説の多い処である。

秋山村無生野における大念仏の行事は山梨県無形文化財に指定されるものでその構成は護良親王に関わるひなづる伝説の供養の意味が大きい。ところでこの無生野に伝わる伝承は姫の産んだ王子を綴連王としていない。

「……護良親王の御子に葛城の宮綴連王（忠実には陸良親王）ともうさられる宮がおられ、この宮は智勇兼備の英雄型の御方で、後村上天皇の御代に征夷大将軍に任ぜられ、不断難戦を続けられたが、正平十五年吉野賀名生の乱に奔りついに行方知れずと伝えられて以来二十数年の後、陸良親王は従者管小郷とともに隠棲の地を索むべく当地に辿り着かれた。宮は父君が由緒深きこの地を永住の地と定められ村民も君と仰いで忠実に侍しづいた。宮は彫刻などなされ七十三歳の天寿を全うせられた（応永九年三月十六日）その子孫が繁栄して現今の各地に残っている……」（無生野大念仏・秋山村教育委員会）

要するに史論優選としての解釈である。綴連王は雛鶴姫の生まれた王子でないとする。この逆に綴連王が姫の産まれた王子とする資料の確かたるものに宮下文書がある。三論義熙著による「長慶天皇紀略」中に次の文章がある。

「……東海道騒優甚しければ避けて大山に至り之うより進みて津久井郡青山村に出づ。偶々姫身例ならず。滞留しける程に親王の三十五回忌も来りぬれば此地に供養塔を建立したりが（中略）乃ち松枝を折り是に安産せしむるや姫一王子を分娩し尋ねて死ぜらる（中略）親王の遺物中守刀を王子に附し守護神像を遺骨に添え之を奉じて富士谷に来り首級を拝し謹て奉ずる所を納む。是より武光自ら秋山太郎と変名し王子を桂城宮綴連王と称し奉る。後正元丙戌年十二月大晦日即ち母の忌日に死じ給う。御年十二。秋山村に葬る。」

王子を綴連王とする傾向はこの影響が多分にあると思われる。

神明神社の和鏡、牛に乗った御姫さんの御神体、とこうして一連の事柄をふり返ってみれば遺物としてはひなづる伝説の方に整って見えるも、その背景には厳然として陸良親王の伝承が二重映しとなって存在していることが知られるのである。

碩学仁科義男先生記載の陵墓推定以外にも、寺下砂尻地内、小河原孝明、同斌両氏の宅地に近く、落合桂氏所有の畑地内に古塚がある。約一坪くらいであるが昔からそこに近づくと足が腫れると言い、大変恐れて誰も鍬を入れたことがないと言う。伝説では綴連王の墓とも言い近くに古い五輪塔がある。推測するに相当の人の墓と思われ中世史解明のためにも発掘調査したいと考える（安留氏）本村別の例から見て板碑等の出土も期待される。

仁科先生之調査報告に見える福泉寺由緒書における小笠原恵声師は遠祖宗浄氏より続く当地小河原一族の宗家であり、現在の福泉寺の住職は博旺師である。寺は故あって現在藤崎の方に移っているが、寺と檀家との親睦関係は現在も続いている。この小笠原氏の伝承についてはまた稿を改めたい。

郛れにしても秋山村が古来、貴人の京、鎌倉を通じる間通として、また隠棲の地として伝説を有するは当村を多くの口碑、事物の裏付けによるもので。当時一般民がやたら石造物を建て或いは和鏡をもったりはしない。これらの文化遺産が秘境を思わす秋山川の流域に点在することが人々に豊な心を育てはぐくむものであろう。伝説とは正史に近づこうとするしまた附会もしながら成長する、これは柳田国男先生の言葉であるが、また他面、伝説とは人の心を浄化し信仰にもつながるものなのであろう。

参考文献　陸良親王と秋山村の伝誦について

（都留市前探研究所）仁科義男著（昭和六年六月）

附表

◎綴連王についての所見

・秋山村の伝承に謂う綴連王は南朝の征夷大将軍興良新王（別に陸良或いは赤松宮）に比定される。名称及び事蹟は諸資料及び史書によるとつぎのようである。

・羽部家譜

無生野神明社所蔵（山梨県史集録）伝宝暦（一二三一〜一二一九年前）羽部月吉の増録するものと言う。綴連王の名の初見

後醍醐天皇第二皇子大塔宮護良新王皇子葛城宮綴連王裔嫡流家譜

・上申書

村内資料山梨県知事宛（明二一）戸長佐藤全奥書……興良新王系譜中……

・山梨県市郡村誌

（明二五）古跡興良新王陵墓興良新王ハ陸良新王トモ称セラレンナラン云々

・宮下文書

譲良新王の御子陸良新王は始めの興良新王と言い、後に常陸太守りとなり云々……

・南朝盛衰記

大塔宮護良新王の御子、大塔若宮即ち興良新王は元弘三年（一三三三）に生まれ、正平十五年（一三六〇）非業の最後を遂げる、求八方説行方不明説あり。

・仁科義男論考

（昭六、六）陸良新王（古本帝王系譜は興良新王に作る）護良新王皇子母は源親房の妹征夷大将軍中田谷……陸良新王奈良に奔る。その終わるところをしらず。（大日本史）

・世界人名辞典

（東京堂出版）赤松宮（生没年不詳）護良新王の子、母は北畠親房の妹という。後村上天皇より征夷大将軍に任じられ、その後足利義詮に通じ、叛いて南朝行宮を焼帰ったが南朝側に討伐された。

・日本史　頼山陽著

帝将軍興良を潰してこれを救う。叛きて義詮に応じ、行宮を焼きて銀崇に侍る。関白師基をして討ちてこれを走らす。

・日本政記同

興良新王に勅し、吉野の兵と赤松氏範を率いてこれを援けしむ興良叛きて賊に通じ、穴生の行宮を火く、竜門陥ちる。帝関白師基をしてこれを討たしむ　興良南都に敗走す。

註　太平記は吉野の将軍の宮とする。

三　紀伊・野長瀬家の周辺の研究

杉本　壽

近露王子と近露庄司

熊野九十九王子のうちの大坂（逢坂）本王子から、箸折峠をこえて坂を下り日置《ひおい》川にかかる橋をわたると左手の森が近露王子である。昔は王子ノ森の裏から西へむかい箸折峠のある箸ケ峰の麓にそって流れ、峠を下ったところで日置川をわたったので王子までには若干の距離があった。近露の宿は熊野中辺路街道の主要宿駅で、街道ぞいには多くの旅籠が並んでおり字道中の名で一区画をなしていた。最もはやくから開けたところで近露荘としても古書に有名である。すなわち藤代・切目・瀧尻王子など、五体王子についでの重要王子についでの重要王子である。御幸道筋として古くから近露王子で御祓をして水垢離をとる習であった。

熊野縁起に「近露の水は現世の不浄を祓う」とあり、「近露の石上に禮殿金剛童子一萬十萬毎日三時御影向云々、然れば彼の河の水を秘事とす」とある。熊野参詣のため身を清浄にする霊地の一つであり、永保元年辛酉（一〇八一）為房卿日記には、「近場の屋に着き先づ近湯の日置川河水に浴す」とあり、宗忠卿天仁二年己丑（一一〇九）日記にあっても、日置川をわたって祓をすませ近津湯王子に奉幣をしているのである。河原から出湯のケースは多く龍神温泉のように、近露でも津湯というから湯が出た時代があったのかも知れない。ちなみに旧川添村の上露はコーツイであり、旧三川村に下露がある。近露荘一千石は熊野山中ではめずらしい一大盆地で豊饒の里であり、田辺御所と熊野本宮大社との中間に位し往昔も現代も春季嫩葉から紅葉の秋にかけて、熊野詣の人々が多く近露王子前の百間ばかりが廣屋・亀屋・月ノ屋など旅籠名の家々が多い。近露王子祠は上ノ宮とも呼ばれ春日神社と共に近露荘の総社であった。

近露宿所は「建仁元年辛酉（一二〇一）御幸記」に、近露宿所、「御所に近く田を隔つとあり」また、近露の御歌会が終って、「読上げおわりて退出、時に亥刻（深夜の二十二時～二十三時）、即ち輿に乗り出直し、渡河して即ち近露王子にまいる」、とある。

鳥羽上皇の「長承三年甲寅（一一三四）御幸記」の金湯に宿すは近露御所のことであり、春先であったのに終夜雷雨あり大風で樹木折れ宿舎は漏れて衣服濡れると見えている。近露王子は日置川左岸にあり、近露御所は右岸に設けられており箸ケ峰麓と日置川中間に御所田という所がある。近露垣内の道中から茶屋ノ坂を登り一里にて新国道と重なるが、熊野古道は楠山坂をのぼり大畑を通って比曽原王子へと向かう。ところで院領荘園の長官としての野長瀬党が、代々の帝をはじめとする都の貴人たちをどのように奉迎したものか詳らかではない。近露六郎館とは、参勤交代時代の宿駅における御本陣のように帝の行在所として役割をはたしていたのではないか。吉野皇居守護をつうじての繋りが、南朝方への忠勤を抽するに至った諸関連に通じてくるのかもしれない。

野長瀬家紋　甃（石畳）

甃紋（イシダタミ）は甃に象ったものであり、甃は一に石畳の文字を用い敷石のことであり地上に方形の石を敷き並べたものをいう。そもそも甃は直接石畳に象ったものではなく、すでに文様として行われていたものを更に取上げて紋章としたものであるから、謂はば尚美的意義に基づいたものであると沼田頼輔博士は教えている。

甃紋は鎌倉時代すでに用いられており、『吾妻鏡』では鎌倉時代の八十九代後深草天皇の御宇宝治元年丁未（一二四七）薬師寺公義家が用いており、「羽継原合戦記」では犬飼・平瀬島両氏が用いている。また「見開諸家紋」には土屋氏の家紋として掲げている。野長瀬一族が薬師寺・犬飼・平瀬島氏らと、どのような血縁体をもっていたかについては今後の研究にまたなければならない。立派な横矢家の大型御位牌の表扉に金蒔絵の二羽の鳩が画かれ、源氏の氏神八幡宮に係りあるように考えられ家紋にも「甃ニ鳩」の紋所があるから、それとの関連が生じているのかも知れない。また時代の新古によって甃の形に相違があり、古いものは正方形であり、新しいものは長方形である。野長瀬家紋は正方形であるから古い時代に遡ることになるわけだが、然りとすると数と配列の仕方類別では数の四甃、または配列の四組甃に属することになろう。姓氏関係家紋史では清和源氏足利支流である土屋家の代表家紋であり、その他小笠原支流の土屋氏、藤原氏支流の土屋氏が何れも甃紋を用いているについては、どのような沿革をもつものであろうか。ここで故沼田博士が、土屋家一同が甃紋を用いているのは、いづれかがその家伝を

丸に四ツ石

誤ったものであろう、となしているのは何を意味するものであろうか、もともと野長瀬家は大和国吉野郡十津川郷を本貫とし、大塔村辻堂ほか数ケ村を中心とする野長瀬組を出自とするものだが、それと石畳紋とは如何なるつながりをもつものであろうか。

大和国土屋氏からもとめる場合、三輪神社の社家文書の総社中配当分に土屋権左衛門があり、紀伊国にもとめば伊都郡橋本町土屋越後守の末裔孫兵衛家があり、綸旨を蔵する近郷における旧家である。名草郡府中村には地主土屋善左衛門家が存在し、坂井村にも旧家土屋善次家が見えている（『続紀伊風土記』）。

中辺路町野中

四番大庄屋渡瀬邸はおよそ三千坪、往年の殷盛さがしのばれる豪勢さであり、旧東牟婁郡出自の役人であったらしい。熊野詣での中辺地街道の要衝をしめている。野中にも横矢五兵衛家があり名門横矢館の面影をのこしている。また小字長井《ながい》の柳瀬幸作家の奥津城には十基すべてが菊紋章付であり、近露轆轤師群の一面となされるかも知れない。

野長瀬家系図の南朝史①

源朝臣義忠にはっする野長瀬家先祖は永保十一年癸亥（一〇八三）誕生であり、長治二年乙酉（一一〇五）遺領を継ぐが叔父義光の密使鹿島三郎によって暗殺されたとき二十六歳、かくて一族は運命的に弟為義らと共に保元乱にまきこまれてゆく、石川家の祖となる陸奥六郎義時は従五位下左兵衛武藏守であり、河内国石川に定住する。

野長瀬家の六郎諱名は義時にはじまるが、必ずしも轆轤につうずるものではないが宿命的につながり、賜姓横矢氏代にいたり密接化してくるのである。令妹は補仁親王妃となるなどして、皇室とのつながりは横矢姫にいたって再び繰返されるわけとなる。河内判官経国代から和田家や賜姓楠木家との婚姻がはじめられ、いきおい前南朝や後南朝戦へと参画せしめられてゆくのである。野長瀬氏を名乗るにいたる甫は、河内国から大和国吉野郡十津川郷内野長瀬荘司に入った野長瀬孫太郎経忠代からであり、ついで六郎頼忠は寛喜元年己丑（一二二九）紀伊国室郡近露荘下司職を賜って、大和国から紀伊国へと転住することにより野長瀬氏・近露氏は混同し、横矢氏賜姓が加って一層まぎらわしくなってくる。しかし、六郎から六郎左衛門尉―六郎次郎へと、尠とも嫡系からは離脱しないのである。六郎次郎盛俊室が和田刑部丞正信女であり、河内国から迎えて南北朝戦における和田・楠木・野長瀬一族郎党軍の血盟が固められてくる。

和田氏の外孫になる野長瀬左近盛秀は延慶三年辛戌（一三一〇）十一月二十九日七十三歳で卒するが、つぎの近露氏野長瀬六郎盛忠代からあわただしくなり、すなわち『太平記』「大塔宮護良親王吉野落」のくだりである。純忠至誠に燃ゆる野長瀬一族の尽忠に抽んでる幕がきっておろされる。すなわち系図は綴るのである。

「元弘二年壬申（一三三二）八月日、大塔宮十津川小原通御時、玉置荘司盛高奉遮。于時盛忠兄弟参御味方抽軍功、玉置カ勢ヲ追退、御危難ヲ奉救。吉野迄御供御着城ニテ御感ノ余リ横矢ノ姓ヲ賜ル。此時楠正成金剛山城ニテ粮ニ迫タル故、盛忠扶助シテ救之」とみえるのである。南風競はさる南朝悲史をかたる太平記の内容と同じであり、軍勢少なきまま御落行の大塔宮御一行は疲労困憊に加えて御空腹の玉体は、山なる嶮路をつたわり吉野山郡のなかをさまい給うのである。そこへ玉置荘司勢の急襲なのである。

御感のあまり横矢姓を賜るのであるが、更矢氏は矢弾の新しい補給供与を意味し横矢氏は山城に横矢砦の名が遺っているように、横手からの不意の横矢が功をあらわすように戦勝をみちびく縁起のよい、矢名に因む姓氏が横矢氏なのである。

また金剛山城に籠って周辺を足利軍勢に取囲まれている縁戚楠木正成軍にたいし、尾根通りの山つたいに豊饒の桃源郷近露荘一千石分の兵粮を人背運びで送込んでいるのである。令弟野長瀬七郎盛衡については、兄野長瀬六郎と共に同じく軍功に抽んで、其後吉野朝にあって度々功あり六指ノ勇士と讃えられたのが、実にこの七郎盛衡のことなりと家長自らが嘉賞をしている。

野長瀬家系図の南朝史②

横矢六郎盛満は伊賀守に叙せられているが、中祖庵最高の霊牌であるのはこの盛満公のことなのであろうか、加賀守であるなら加州であり賀州は伊賀国にあたるのであろう。しかし横矢六郎盛満公だけが特別の霊牌をつくり中祖庵開山をなされているのであろうか。どのような役割をはたされ功績を立てられたものか、目下のところ手掛りはなし、それより霊牌の発見こそおどろきなのである。しかし伊賀守に叙任され横矢六郎名乗の盛満公は、木地師制度のうえにおいても大なる役割をはたされている仁なのであろう。横矢盛満の息である盛朝はがらりと一変して、近露氏野長瀬六郎を名乗り湊川戦陣に七生報国を絶叫されて憤死された大楠公正成薨じ、小楠公正行の代になっており吉野朝の御行末も危い。ここで盛朝軍は楠木正行軍に属して吉野山皇居を守護し奉るのである。かくて正平二年丁亥（一三四七）八月日功を以て備前国和気郡吉永荘を賜り正平三年戊子（一三四八）月日後村上天皇の綸旨を賜り正平十九年甲辰（一三六四）九月日は備前国和気郡岩部郷を賜るのである。宛名は近露六郎館になっており、近露荘司野長瀬六郎兼名の館名になっているのである。現地を踏査しない研究者には解析困難な館名である。

ついでいよいよ前南朝が滅亡し後南朝の時代に入り、淡路守野長瀬六郎盛矩代になり南朝皇太子小倉宮実仁親王・良泰親王に奉仕している。南朝はいっそう競はず御母君の実家北畠国守をたよられて小倉宮御一行と共に伊勢国に扈従し、三度皇運めぐまれることなくして岩田川の合戦において盟主左中将北畠満雅卿共に討死をされる。時に正長元年戊申（一四二八）十二月二十一のことである。

ここで盛矩公のただひとりの長女横矢姫に関し、系図は尊義王女房としるされ、そして尊雅王御母と書かれていることである。これをもってすれば横矢姫の立場は、尊義天皇女御あたりの女性であることになり、尊雅王も後に南帝王につかれるのだから謂はば国母なのである。そして尊雅王は永享二年庚戌（一四三〇）三月十日、伊勢国守北畠家多気館において誕辰になっている。すなわち義有王との係合については全く記されていないのである。全くの無視ないしはひた隠しのような記載は何の原因・理由によるものか、について探索しなければならないし、その単明が終る所を知らずの後南朝後胤の究明にもつながるのである。正史における義有王妃としての横矢姫の御立場は明らかであり、義有王は近江甲賀郡や伊勢に入られることなく殆どを紀伊作戦に奔走され、最後に有田郡湯浅の阿瀬川城の戦いで戦傷され吉野郡河野御所へ後退して薨じられる。

野長瀬家の西牟婁郡近露城入

野長瀬家系図が北朝暦正慶元年（一三三二）と記していることは南朝暦元弘二年のことであり、野長瀬家一族が西牟婁郡近露城へ入ったのは承久乱後八年を経過した寛喜元年己丑（一二二九）であり、当時南朝方であった近露荘の押えとして北條幕府泰時の命により、着住したものと考えられ正慶年号を用うるが正しいとされよう。その理由は系図書替のおりの訂正によるものか、或いは改元して二年ばかりであったので継続年号にしたものか決めがたいが、北條時代北朝年号が紀伊山中近露文書にあらわれることは研究を要するところである。南北朝時代において国内通用の年号は幕府年号、すなわち北朝年号であり北朝年号を知って南朝年号を知らないのであり、御社の燈籠年号にも北朝年号が多い。

紀伊国西牟婁郡近露荘司野長瀬一党、紀伊国有田郡湯浅域とは地政学的にも同国であり、征夷大将軍としての軍旅は殆ど紀伊国内に限られており、横矢姫が義有王妃たるには條件が整っており剰え湯浅戦線の兵站基地は近露荘をおいてはなく、且又和田・楠木軍とは血縁であり義有王は大和越智家・楠木正儀女を御母としており、北畠家との軍縁は浅薄である。しかし国守満雅卿との岩田川合戦での御戦死や多気館での尊雅王誕辰事情などは動かし難い北畠家とのつながりを濃厚にするのである。

野長瀬家単独の菩提寺である観音寺は旧近露城台地にあるが、河内国草堂寺記につぎのようにみえている。

禅宗五山派京東福寺末寺（延享四年〔一七四七〕末寺となる）紀州牟婁郡熊野四番組近露村　月海山観音寺文叟書判　天明六年午（一七八六）十一月日（河内国草堂寺文書）

また人皇九十七代後村上天皇綸旨の箱書に、従五位下渡辺若狭守が墨録していることは貴重であり、住所が牟婁郡熊野四番組近露村になっていることであり、四番組の名は長くつづいているのである。

近露亭長その遠祖六郎勲功に依て賜うところの宣旨の一軸、予たまたま之を押閲す。しかるに家蔵歳久しく蠹《シミ》之を害す。今感惜のあまり、工に命じ修補を加え以て長に與ふ。最も家宝と爲す可し

寛文辛亥季（一六七三）秋下弦日

従五位下渡辺

若狭守源令綱

近露村野長瀬六郎殿

近露荘司野長瀬一族の忠誠

野長瀬一族の系譜はまず清和源氏にはじまり、六孫王経基に出でて満重・頼信の後に義家にいたり義忠・経国・盛経をへて、盛経の子経忠が野長瀬孫太郎と称し初めて野長瀬氏を名乗り、大和国吉野郡大塔郷辻

堂ほか数村を一組とする野長瀬組の郷長として居住していたことになっている。

経忠の子頼忠は野長瀬荘司六郎と号し、寛喜元年己丑（一二二九）三月紀伊国室郡近露荘の下司職を賜り、頼忠代いこう現代にいたるまで近露に住居している。盛忠の御父盛秀の御母すなわち盛秀の御父六郎次郎盛俊の室は河内国和田刑部丞正俊女である。したがって野長瀬家は河内国の和田一族並にその支流たる楠木家とも血縁関係になることになる。以上の諸関係が野長瀬家—和田家—楠木家共々に、永く南朝後南朝へ忠節を励ましめる原因となっているとみられる。吉野朝時代に忠節をいたした野長瀬氏は、頼忠五代の孫にあたる盛忠と、その孫盛朝であって共に野長瀬六郎を号している。ちなみに盛忠が大塔宮護良親王が十津川から熊野へ落ちさせたもうたおり、十津川玉置党の勢いをしりぞけ御危難を救い奉った御感によって横矢氏姓を賜わり、そのため㈠野長瀬六郎㈡近露六郎㈢横矢六郎三様に名乗っているが、何れも三者同一人なのである。

備前国岩部郷
被宛行所也
任先例知行可仕者
依天気執達如件
正平十九年九月
左少辨光高奉
近露六郎館

右は、田辺藩主および聖護院宮が熊野御社参のおり、野長瀬盛忠に下された人皇九十七代後村上天皇綸旨を拝覧した次第をしるしているのであり、その宛名は横矢六郎になっている。また寛文十一年辛亥（一七六一）渡辺若狭守が、著しく破損している綸旨表装の軸を心いたませて金品をわたして修理せしめる次第書については、宛名が近露（村）野長瀬六郎殿になっている。すなわち横矢氏宛文書には綸旨拝覧とあり、野長瀬氏宛文書には宣旨拝観とあり当時野長瀬氏と横矢氏との両家が存在していたとも考えられる。

「地名辞書」では近野村大字野中としているが、野中と近露二村が合して町村制で近野村になったのであり正しくは大字近露字道中（ドウチュウ）であり、現在は中辺路町近露である。熊野詣中辺路街道の近露村は宿駅であり、近露王子の日置《へき》川沿いには御所跡があり、侍従の公卿たちの宿泊所が存在した。その背後は大塔森であり護良親王落行にちなむ王子田なども ある。道中は旅籠などが多い宿場通の一団地であり、商店・役所・農協などの存する一画をなしている。

西牟婁郡近露荘

熊野国の三千六百峰、重畳たる山岳の間、日置川の水源地帯に形成された開広な一大盆地の桃源境、そこが由緒貴く天恵の里である近露郷三百軒の在所である。春は紅白の梅花競い家々の庭前には梨木を植えて旅人に贈るのが、熊野詣中辺路街道の古来からの村法であった。名門紀伊近露の野長瀬家の家譜には、野長瀬六郎盛忠が楠木正成公軍の金剛山へは山つたいの尾根道をつうじ兵粮をおくったことを録しており、山の衆の戦力が存在していたことは顕著である。大楠公正成の人となりについて転法輪寺をはじめ一山の衆徒がふかく帰依し、心服するものがあったからにほかならないが、千早への兵站補給は和田氏楠木家と野長瀬家との婚姻をつうじての誼みが俗に近露一千石とよばれていた豊饒の里からの贈物であったに相違ない。

野長瀬荘司は吉野郡十津川郷の荘司で嘗て十二村郷とよばれて一帯を領しており、野長瀬郷を本貫となすが野村および長瀬村地方を領したことから、野長瀬を姓氏となしたのであろう。『吉野志』は十二村荘のうち大塔村内の辻堂より奥の、殿野・堂平・飛養曽（ヒヨソ）引上・野瀬見・長殿・閉君（トヂキミ）・宇井・中峰あたりであり、野瀬見・長殿あたりからは十津川村に入るが遠津川郷時代には大塔村も同郷だったのである。巨大山岳渓谷である十津川山地の各地には出作農家が二軒・三軒と散在しており、殿野・廣瀬・寺瀬見・野瀬見・田長瀬・野地・谷瀬・矢野原・五百瀬・野広瀬・野尻・長野切・眞砂瀬など野や瀬の村落名が地形・地勢に応じた集落名が多い。野長瀬の姓氏も、これらの村名地名に応じて生れたものであろうし、近露野長瀬氏を宗家としている大和国時代の庶流一族の家々が多いのである。長い歳月の経過は近露荘内の野長瀬・横矢氏の系列さえ定かでないから、本貫大塔・十津川郷内野長瀬氏とのつながりは断絶している。「野長瀬由緒収集」には、熊野根本の八荘司の條に、㈠玉置㈡貴志㈢湯川㈣真砂《まなご》㈤山地㈥横矢㈦野長瀬㈧牲川、所謂熊野八荘司の家名はその盛衰にともない、時代により㈠芋瀬㈡湯川氏などの名をあげており、必ずしも同一家名を記していないが何れにせよ㈠横矢㈡野長瀬両家をあげていることは事実であり、両家が八荘司の二家として併存したことを教えている。しかし両家は全くの同族であり子孫において宗家野長瀬家を、別の子孫が横矢氏を称しているのであり相錯綜している。

後村上天皇　正平三年戊子綸旨

正平三年戊子（一三四八）正月五日、河内国四条畷の合戦で小楠公正行公軍は戦死され追撃する高師直軍は大和国吉野行宮を焼き奉る。人皇九十七代後村上天皇はやむなく吉野郡賀名生《かなふ》の行宮へと遷幸される。すなわち野長瀬家系図にいう野長瀬六郎盛朝に下されたもので、近露荘の近露城主のゆえをもって近露氏とも言い楠木正行公軍に属し吉野皇居を守護し奉る。註して正平三年八月以功賜備前国和気郡吉永庄、同三年後村上天皇賜綸旨、同十九年九月賜備前国和気郡岩部郷とあるところから文言何れも一致している。両綸旨の宛名はいずれも近露六郎館になっているが、近露六郎盛朝と野長瀬六郎盛朝とは同一人なのである。それに加え横矢姓氏を賜り、横矢六郎盛次が出でるに及び一層混乱が増幅してくる。横矢六郎盛次とは野長瀬三河守のことであり、奥荘司をつとめているところから野中邑あるいは小広峠を越えた熊野街道東部の東牟婁郡内の荘園さらには、本貫の大和国吉野郡野長瀬組大塔村あたりを指すのかもしれない。というのは十津川村内でも、すでに宗家とは原譜がきれた名門野長瀬家が存在しているからである。

近露は己か在居の荘園名としても六郎は轆轤《ろくろ》師に起源するものか、越前国大野郡の六呂師荘を本貫とする名家六野政治郎家は家憲として姓と名付において必ず六と郎を附名する掟になっている。しかしその基本的由来と理由内容については教えられていない。

野長瀬家は石川家の始祖をなす左兵衛尉武蔵守陸奥六郎代から、しきりに六郎を用いはじめて河内国石川に住居する。そしてその弟が六郎にたいし七郎を名乗っていることは、『太平記』大塔宮吉野落の教うるところである。寛喜元年己丑（一二二九）三月紀伊国室郡近露荘下司職を賜う、野長瀬荘司六郎頼忠は和州吉野郡奥野長瀬郷より入部してき、嫡系の六郎左衛門尉盛氏―六郎次郎盛俊―六郎盛忠―横矢六郎盛満―近露・野長瀬六郎盛朝に至り備前国和気郡の荘園を綸旨されるのである。以降野長瀬六郎がつづき第二子が七郎ないしは横矢氏を名乗らしめる。六郎左衛門もあらわれてくるが弟二子が嫡兄六郎をさしおいて次郎・三郎を名乗るを遠慮して七郎を用いているようであり、六郎が轆轤にはっしている次第を忘却してしまっているようである。

六郎館という以上、近露三百軒は野長瀬家の郎党の家々や開戦のさいには荒子衆として参軍したであろうことは、菩提寺観音寺住職が塩見峠の戦いに加って戦死されていることによっても窺知することができよう。近露一荘がまさに一村共同体制であったからである。

備前国吉永保伍分壹
地頭職爲勲功賞可令
知　行　者
天機如此悉之以状
　正平三年八月七日
　　左少辨花押

近露六郎館

南朝軍救援の近露荘一千石の兵粮

杣山故城は越前国南條軍の名峰日野山の南にあり、南朝の中心瓜生判官保公の據処なり。敦賀金崎城あやふくなり気比神宮の大宮司太郎公、東宮尊良親王を小舟に忍ばせ河野蕪木浦に舟をつけ、杣山城へと案内する。延元二年丁丑（一三三七）二月十六日金崎城陥るに及び瓜生保・義鑑公ら敦賀手筒山に抛て戦死し、瓜生重・源琳ら杣山城へと引き上げ脇屋義助公らも亦杣山城へ入る。

十一月十八日飽和《あくわ》ノ社の前にて中黒の旗を挙げるほどに、ほどなく一千餘騎になりにけり。則ち五百騎差し分けて鯖波の宿、湯尾ノ峠に関を据て北国の道を差しふさぐ。往昔の火打ケ城の巽にあたる、山の水木足りて嶮しく峙ちたる峰を攻の城に拵えて兵糧七千餘石積み籠めたり。是は千萬懸合の軍に負くる事あらば楯籠らんための用意なり。越後守師泰は此由を聞きて六千騎を杣山の城へぞ差し向けゝる。

『太平記』巻十八に教えるところであり、鎌倉時代においては七條院領杣山荘として聞え、吉野朝時代にあっては南朝軍の一大根拠地として北国に雄視せられていた。殊に山勢すこぶる雄抜磊々たる岩石聳立し、林樹鬱蒼として日野川にのぞみ、北国街道を瞰制せる状まことに史上の名城たるに背かざるの観があり、杣山城はもとより延文元年より延元三年にわたり瓜生公一族の居城として、新田義貞公ら南朝軍を迎えて能く足利高経の賊軍と戦った天下の堅城であった。南朝孤忠の臣たる瓜生氏一族の杣山城に抛るや、大楠公正成の南河内に抛ったごとく常に出撃を怠らず、足利軍を杣山郷の狭隘地に引受けて戦うをさけた戦略に注目せられる。金ケ崎城の落城後は南朝軍は延元二年三月杣山城へ根拠地を移し、越前国内の義軍を催し新田公の遺臣たる高須山城の畑六郎左衛門尉時能軍らと協力呼応し堅城の名を高からしめた。越前国南條郡の里謡に、〽杣山の城の落ちないわけがある、美濃の国から兵粮が来るわいな…なのである。美濃国の兵粮とは、本巣郡根尾郷神所根尾城主根尾和泉守入道からの送込なのである。南風競はず広い美濃国内にあって根尾入道ひとり、根尾城に南朝軍として孤忠を守るのみであるが根尾郷の根尾城のすがたは、室郡近露荘野長瀬一族とよく比肩せられよう。根尾郷も近露郷いずれも山ふかき山間の一大盆地であり、吉野、熊野の山岳にあって孤立して戦う南朝軍の陣営に山越に人背による兵粮はこびが尾根つたいに陸続としてつらなったものである。

近露邑にのこされている里謡の一部に、「近露荘の兵粮一千石が」歌いこめられているが、逢坂峠からのぞむ近露郷の豊饒の里を俯瞰するにのぞみ、あらためて吉野朝哀史を鮮烈によみかえさしめるのである。紅葉の季の杣山城は巨岩のあいだの樹木が満山を錦におおうが、根尾城の淡墨桜は三千歳と称えられ近露邑の梅林におくれて南朝の時代と変らずに咲きほこる。

近露荘野長瀬家系図

野長瀬氏一族は紀伊国西牟婁郡栗栖郷近露の郷族であり、名門熊野国八荘司の一族である。『太平記』巻五「大塔宮の熊野落のこと」に、野長瀬六郎・七郎兄弟勢三千餘騎が十津川郷玉置荘司勢五百騎にかこまれ、吉野・熊野の山間にあって難澁せられているところを御救い申上げる段にはじまる。

『紀伊国続風土記』の牟婁郡近露邑旧家族條に、地士野長瀬兵衛三郎は源義家公の子河内守義忠の後裔なり、後世野長瀬六郎及び七郎、大塔宮を守護し奉る。義忠二十八代の後胤に七郎清行あり、畠山義就に仕ふ。また近露六郎あり、横矢六郎ともありて雑記に見ゆとあるが野長瀬と郷名、近露は里名であり、横矢の姓は後村上天皇より南朝忠臣としての賜姓であり、三者それぞれを共用してきている。ちなみに備前国和気郡吉永荘は以功賜荘であると、備前国文書は證している。風土記の編者は近露氏六郎、あるいは野長瀬六郎の子孫なる哉となしているが、横矢六郎共に三者は名乗が違っているだけで同一人なのである。しかしていづれを六郎の家とも定め難し、兵衛三郎の家つたえて後裔なりといひ、野長瀬を氏とするときは或いは兵衛三郎の家なる哉と決めかねているのを窺知せられる。明治政府新姓を機となし賜姓横矢氏をもって貴しとなし、近露周辺に旧家臣ら夫々横矢家を名乗り、数十軒を算せしめているため一層混乱をなさせしめている。

ついで編者は「野長瀬家系図」を検しており、六郎盛矩女とあるところに尊雅王御母にして義有親王妃と註す。盛矩公は小倉宮に奉仕し伊勢国守北畠左中将満雅卿と共に南朝のために討死をしているのだと附記している。野長瀬荘司は大和吉野郡十津川郷今十二村郷という所の野長瀬村の仁して、西牟婁郡近露村を領すとなし、野長瀬はいま旧近野村大字野中のことであると地名辞書はなしている。吉野郡十津川村には、田長瀬（タナガセ）津越瀬・杉瀬・芋瀬（五百瀬）・小坪瀬など近似の邑名が多く、吉野郡黒瀧邑に長瀬あるにたいし、西牟婁郡三川村にも長瀬・下露が、川添村には上露（コーツイ）がある。吉野郡大塔村十二村荘ノ内で辻堂邑から奥の五ケ邑をもって現代なお野長瀬組とよび、国民郷土記には吉野郡野長瀬半助の名がみえているので、野長瀬組は野長瀬氏が所管していたものであろう。しかりとすれば西牟婁郡野長瀬家は本貫出自か、旧十津川郷内であった現在の大塔村辻堂附近野長瀬組の組長《クミオサ》を基源にしたのかもしれない。吉野郡十津川村議会の建設委員会委員長が野長瀬幸夫氏であり、大和十津川郷にも野長瀬一族の血縁体が厳然として遺存しているわけである。

しかし上月記にしるされる尊長法印代の十津川郷入の範囲は、十津川郷一帯を熊野近くまでを汎称しているのである。保元物語は吉野郡十津河の山岳武士団一千騎を特記しており、南都僧兵方へ加担をふくましめている。保元元年（一一五六）に戦われた保元物語の記録は、南北朝時代前後の戦闘詳報である。しかして俚謡「とんと十津川御赦免どころ年貢いらずのつくり食い」、の痩悪山地にあって一体どのような武士団が涵養せられていたのであろうか。

南北朝動乱の先駆をなす北條討伐の元弘ノ乱（一三三一）によって、山城国笠置山の落城ついで後醍醐天皇の隠岐島遷幸、奈良般若寺の大塔宮護良親王は虎口をのがれさせ給うての熊野路落、ところで紀伊国日高郡の切目王子にいたり十津川入に改められ、大塔村辻堂において郷士戸野兵衛に迎えられ叔父竹原八郎入道館に入られる。かくて太平記のしめす鹿瀬（鹿場（シシバ）なら白銀村）・小原・芋瀬（十津川村）をふくめ吉野郡西側山村一帯を遠津川十八郷と呼称し、山民と山岳武士団の一大根拠地を形成しているのである。

正平四年己丑（一三四九）後村上天皇綸旨に十津川十二村がみえて、神河郷民がみえるが神納川郷の五里にわたる渓谷と考察される。口千丈から奥千丈林道につうじ、護摩壇岳からは一里ばかりが尾通官道で高野街道として有田郡清水町へむかい、現在は高野龍神スカイラインになっている。

尊雅王と西牟婁郡近露郷野長瀬家①

紀伊国八家の一である野長瀬家と後南朝とのつながりは、正長元年戊申（一四二八）十二月伊勢国司北畠満雅公が皇太子小倉宮実仁親王を奉じ伊勢阿坂城に義兵をあげしおり、野長瀬家八代淡路守六郎盛矩がはせ参じ満雅公と共に岩田川阿漕において討死したにはじまる。嫡子盛高が故父の遺訓を奉じて義有王を伴い近露（チカミチ）の野長瀬横矢館へ奉持し、すなわち姉横矢姫が妃となり、天靖四年（一四四六年・文安三年）誕辰せられたのが尊雅王である。御父義有王は御武運つたなく有田郡湯浅城で戦傷され、大和吉野郡三之公に後退して、薨じられるのが、文安四年丁卯（一四四七）十二月二十三日であるから、御父子の縁うすき王子である。

「楠氏系図」は正理に註して「左京大夫、南帝王は後醍醐四代の御孫也、赤松謀叛して三種神器を奪ひ取りて帰京す。是より十津川皇居破らる。而して北山高野上高福寺に於て崩御」、と涙記しているが南帝王四代とはどのような算歴によるものか、また十津川戦市川行宮の敗戦を記しているが市川宮の御所村邑は何処か、一ノ川という川名をとりたるものか調査中である。大和十津川出自の和泉国楠木家あり、熊野国造族系として熊野新宮三方社中に楠木家あり、吉野国・熊野国内には楠木氏の血族が少なくはなかったのである。熊野新宮神裔としての楠木氏については「本宮和田旧記」に、熊野櫲樟日命後裔富彦代、貞観十八年丙申（八七六）紀伊国を去りて京師に移る、とあり天禄二年辛未（九七一）代但馬国朝来郡賀津郷に在った小椋連一族が祖神熊野櫲樟日命を氏神熊野神社に祀った小椋氏らとも同族になる。櫲樟日命が出雲国意宇郡《おうのこおり》熊野大社の御神であり、意宇郡一郡が神戸であるところから、その末裔が熊野新宮の神職を勤仕していることになる。

ここにおいて出雲国神族熊野櫲樟日命の裔孫が、紀伊熊野国にわたりて氏族を繁衍せしめていることは、その間の交通往来が如何に処理せられていたかについて疑問がもたれ、かつは両国の熊野族は国名郡名姓氏同訓であるところから、同一の氏族であったのかということになる。山陰山陽を境いする山嶺はせいぜい千二百米台で、那岐山（ナギノセン・一二四〇米）須賀山（スガノセン）・氷ノ山（ヒョノセン・一五一〇米）や伯耆大山にいたって一七一三米山になるのである。

尊雅王と西牟婁郡近露郷野長瀬家②

律令制代因幡国司の赴任コースは氷ノ山南の戸倉峠をへずして、播磨国宍粟郡《しそうのこほり》千種郷《ちぐさのさと》から美作国吉野郡に入り志戸坂《しとさか》峠を越へ、因幡国智頭郡に入っていた。後醍醐帝隠岐国遷幸の途には王貫《おうぬき》峠の名を冠した峠名が多いが、近くは松江城下への赴任をするラフカデオ・ヘルンの通路があり都から山陰の国都への往来が存在していた。出雲国の熊野神族たちはやはり紀州熊野国へのルートは、一ノ乢こえて二ノ乢こえて更に三ノ乢をこえてまずは瀬戸内海にいで、播磨灘から大阪湾へと南下して熊野灘へ向い潮岬をまわり、熊野川口を見付け熊野の山中へ遡っていったにちがいない。

熊野族という山地民族の存在を仮設したならば、筆造筆司の業種民族である安芸国安芸郡の熊野郷・丹後国熊野郡があるが、これらは連鎖的地理からして出雲熊野族の発展圏とみたい。それがどうして紀伊熊野国と結付いたかというと、神武東征の日向族の進路とも関連してくる。さらに出雲熊野神社の日本海沿岸への発展形態は海人族のコースにも近いものがあり、これは熊野櫲樟日命を祭神としている小椋連系から、紀伊国熊野国熊野神社が登與波智（豊鉢）命を祭神としている巨椋部系なので直ちに判別できる。紀伊系は北上して全国に熊野三山系と発展し、出雲系は橋頭堡の海岸集落から次第に内陸部へと氏神社を浸透してゆく。ところが中世以降出雲系勢力の衰頽に伴い熊野神社とは紀伊熊野と思い込んで、神符は紀伊熊野三山へと変質してゆくのである。それでありながら小椋連と巨椋部は同業を営みながら混在し、熊野楠木族のように出雲熊野櫲樟日命の末裔でありながら、紀伊熊野に入り込んでいる現象を発見するのである。楠木雅楽介正理一行康公らが尊雅王を奉じ大和十津川市川の赤松勢との戦いに、脚足を傷つけられ、盟主尊雅王崩じたる後は熊野本宮の楠木一族のもとへ遁逃す、と楠系図は教えているのである。また十津川・北山における赤松勢との戦争における戦闘詳細は何れも既掲の戦史とも一致していることが発見される次第である。熊野本宮神裔楠木氏一族の和田中務大輔良守は宗家と共に南朝に奉仕し、正定代には都から紀伊に還って正氏代には紀伊守に任ぜられたり正儀公の猶子になっているが、家紋は菊水を用いて名門としての誇りを忘却してはいない。

南朝滅亡後はふかく蟄居して楠木氏を名乗ることができず、代って大饗氏を号していた。人皇百六代正親町帝の御宇に織田信長公の執奏によって、正虎の代にいたり北朝から勅免をこうむり楠氏に復し河内守に任ぜられ従四位上に叙せられている（萬里小路大納言文書）。また正成公の北朝勅勘恩免の誓願は松永久秀に困りて執奏すとあり、久秀が勅免を賀した状が残されている。越前国大野郡平泉寺山坊に正儀公を祀った巨大な御墓があり、南朝滅び尽忠の諸臣ら僧となり修験者として諸国に散っていった折に、平泉寺山房にとどまった弟惠秀の手によって故主の奥津城を建碑したものか、その経緯は詳らかにすることはできない。

元禄五年壬申（一六九二）大日本史編纂につくされた水戸光圀公が、贈正一位橘朝臣正成公に献じられた嗚呼忠臣楠子之墓碑建設の役割は著大であり、大楠公の誠忠遺徳を永久に顕彰したものである。もし徳川光圀公の大事業が存在しなかったら、南朝方の武将は勅勘の姓氏として長く埋もれた生活のなかにあったわけで官国幣社及び別格官幣社の祭祀もなく至ったことであろう。したがって南帝王自天親王や尊雅王の研究もうまれてこなかったのである。

熊野宮尊雅王の御母横矢姫①

御南朝皇太子小倉宮実仁親王の終生を奉勤し、南風競はず正長元年戊申（一四二八）八月に挙兵、十二月にいたり伊勢国安濃郡岩田川畔阿漕村の合戦に、伊勢国守左中将北畠満雅卿と共に憤死された淡路守野長瀬六郎盛矩の第一女横矢姫は、征夷大将軍義有親王妃となって尊雅王の御母となるが野長瀬家系図には義有親王が記されていない。

これらの矛盾にたいし南朝遺史研究の林嘉三郎氏は、『吉野朝御系譜録』において実地踏査のうえ次のように解析をなしている。

人皇九十七代後村上天皇の第五皇子説成親王は、大和国高市郡高取城主越智家栄女を御母として誕辰、ゆえに越智一族は終始南朝方義軍として忠節を尽し、美作国山名宗全が奉迎する壺阪館からの南朝皇胤はじつに越智氏所領から発せられるのである。伊勢北畠家・河内楠木家・紀伊野長瀬家など何れも南朝御血縁の家柄からの殉節を享けるのである。ついで説成親王の第二王子義有親王は御母を楠木佐馬頭正儀公女であり、後南朝戦は正儀公を中心とて発展しているほどであるから、以て故なしとしない所以であろう。

義有親王の第一王子である市川宮尊雅王は、御母を野長瀬六郎盛矩の長女横矢姫であり永享二年庚戌（一四三〇）三月十五日、伊勢国守北畠満雅卿一志郡多気郷の北畠式部大輔成親公多気館において誕辰。

これからは御父義有親王の御事蹟を加えないと混迷し整理がつかなくなる。

説成親王は越智家栄女を御母とし義有親王は応永十四年丁亥（一四〇七）五月二十三日、大和国高市郡高取城に誕辰。永享二年庚戌（一四三〇）、足利幕府のため圓満印へ入れさせ給う。時に二十三歳である。嘉吉三年癸亥（一四四三）自ら還俗されたまい大和国吉野郡河野荘神之谷御所に入られ、南朝一百代南帝王実仁親王の下に征夷大将軍宮になられる。南朝天靖二年甲子（一四四四・文安元年）南朝御回復を謀り、和泉・河内・紀伊・大和・越前・美濃・伊勢の国々から、義兵をもとめ、和田・楠木・野長瀬・更矢・伊藤氏ら軍を合して募兵の軍兵は三千有餘となる。

天靖三年乙丑（一四四五・文安二年）八月、一千六百を率いて八幡山に出陣して足利賊軍としばしば戦って勝利をおさめる。やがて一部反忠の軍を生じて軍利を失い已むなく紀伊国まで引退り給う。因みに山城国八幡山としては研究の餘地があろう。

天靖四年丙寅（一四四六・文安三年）八月、紀伊有田郡湯浅の阿瀬川城をもって将軍宮義有親王の本城となし、紀伊・和泉・河内国内の南朝方義軍が紀州路戦線において戦い、足利幕府軍は度々敗走して京都へと退却してゆくことを繰返す。

天靖五年丁卯（一四四七・文安四年）十月、幕府軍は紀伊守護畠山義就を主将として海陸より阿瀬川城を攻撃する。

天靖五年十二月二十三日阿瀬川城ついに落城し、将軍宮自刃して終る。壽四十一。

御墓は有田郡御霊村大字吉見字「ユクハントノ森」に奉葬する。村人勧請して御霊を若宮神社と祀る。またこの戦いに討死の南朝義兵を葬り妙見神社として祀る。湯浅町東方二里の聖地である。「更矢日記」では、阿瀬川の合戦で戦傷され大和吉野郡三之公御所に後退され薨去のあと奉葬すとある。

横矢姫が御父淡路守野長瀬六郎盛矩にしたがい、伊勢国一志軍気多館において尊雅王を出産されたことはわかるが、横矢姫と義有親王との接近は何時何処でということになる。すなわち正長二年己酉（一四二九）代における義有親王の御動静であり、北朝も百一代称光天皇の御宇であり足利幕府も六代義教の時代になっている。楠木光正は探索のすえ捕らえられて斬られ、九月五日改元されて永享となる。北畠満雅卿已むにやまれぬ挙兵は前年の正長元年戊申八月のことであり、四ケ月をへぬまに十二月には御病身を戦陣にさらされて討死されている。

熊野宮尊雅王の御母横矢姫②

永享二年庚戌（一四三〇）二月、足利幕府は甘言を弄して小倉宮の御用途を定めたが実施されない。永享元年己酉すなわち正長二年に、義有親王は伊勢国多気館に在らせなければ横矢姫の尊雅王出産はできないことになる。そして翌永享二年庚戌には半ば捕らえられるようにして、圓満院へ押込られ給うのである。このような状勢下にあってはじめて尊義王女房が記録された所以であるし、「更矢日記」にも尊雅王御母横矢氏大納言局としるされてあり、御最後に至るまで付添っておられる。しからば南帝尊義王皇后であり尊秀王・忠義王御母である武内氏武野姫の御存在はどうしたかということになる。大納言は北畠家由りの尊称であり、横矢姫において可能であり皇后武野姫にはそぐわない。

「吉野朝御系譜録」に市川宮尊義王ノ猶子と明記されるのは以上の理由と、席暖ることなく南朝系断絶を目しての圓満院押籠や阿瀬川戦による戦傷後の薨去、など打ちつづく御不運を洞察して猶子の手続をなされたのである。美作後南朝系譜では南帝百一代が尊義王、百二代が尊雅王、百三代が忠義王の順になっている。すなわち尊秀王はぬけているのであり、その理由についても分析する必要をみとめる。誕辰年月日は未考となし後の御動静についても記述されず、尊雅王御所は紀伊国南牟婁郡五郷（イサト）郷湯ノ谷邑字「タカダヒ」に御座される。いまい南帝壘阯である。すなわち㈠忠義王の河野御所㈡尊秀王の北山御所㈢湯ノ谷御所の三ヶ所に分散されるのである。ところが湯ノ谷御所へも赤松残党が偽り潜入し、言辞をたぶらかせて真面顔で奉仕をよそほう。

長禄元年丁丑（一四五七）十二月二日早暁、かねて示し合わせていた赤松残党が突如として襲撃する。血族の楠木正勝・正理・和田・野長瀬六郎盛高（野長瀬家系図）ら四士が奪戦され、盛高弟横矢三郎右衛門尉盛実も激闘して深手をうけられて戦死される。千慮の一失といはんか南朝御悲運というべきか、各王妃血縁の名家の諸士は不意の強襲に各王共々戦死されている。その詳細は伊藤家・更矢家節において詳述するところである。尊雅王は手疵を負せたまい、十二月二十日御瘡悩重くして薨去あそばされる。御年未考とあるも壽二十八である。

御墓は五郷《いさと》荘寺谷村下在所の地士中野邦利家の田圃の中にあり、御霊は飛鳥荘神ノ山（コウノヤマ）村光福寺に祀られ興福院殿南天皇都正聖佛と諡せられ、境内には石造宝殿に神霊が崇め祀られ御妃である於藤ノ方の霊廟がある。

熊野宮尊雅王の御母横矢姫③

美作後南朝譜では百二代興福天皇は市川宮尊雅親王が、天靖九年辛未（一四五一・宝徳三年）正月八日に即位され直ちに年号を大明に改元される。大明八年戊寅（一四五八・長禄二年）七月二十五日、寺坊の行在所を赤松党小寺藤兵衛入道性説勢が御所へ侵入し、尊雅王の御肩口へ一刀を浴せたので尊雅王は御所へと逃走中土橋において倒れたまい、即刻神ノ山光福寺へかつぎ入れ治療をする。ついで長禄二年八月二十八日夜半刀疵重くついに崩御あそばされる壽十三、御在位七年御所の境内に奉葬、光福寺境内祠尊霊、稱王子若宮の記録になっている。壽十三の計算は、天靖四年丙寅（一四四六）三月五日誕辰によるものである。「上月記」は尊秀王・忠義王中心に眞虚とりまぜて綴っているし、美作皇統譜は現地の適当な同字地名社寺に嵌当しているが、場所さえ南牟婁郡五郷・飛鳥荘内に正せば尠くとも御行動の跡は該当せられるものがある。

　熊野宮は室郡にあられたので分り、廣橋宮は大和国吉野郡旧秋野村に廣橋あって熊野出自の前登志夫家あり一応はつながれる。星野宮については南牟婁郡旧飛鳥村字神山（コウノヤマ）の小字に星野があり、仮御所寺坊の場所とみたい。さいごに市川宮は何れに係わるかというに、十津川を以て一ノ川と敬称し市川を選んだものか、天然の山城村落ともいうべき吉野郡川上郷高原岡室御所（福源寺）に在られ、忠義王薨去せられた後尊雅王は御母大納言局（横矢姫）や楠木正理《まさみち》―正勝父子・叔父の野長瀬六郎盛高・横矢三郎右衛門尉盛實などと共に、安息の地である西牟婁郡近露荘へと本貫地を恋われて神璽を奉じて立出で給うたであろう。高原邑三百軒は山間の大村であり、裏山から大峰山道に登り嘗ての野長瀬組の居住する大塔・十津川郷に入ってゆき、十津川郷から龍神温泉への紀伊・大和の国境牛廻越か七色村で果無山脈を越して本宮町熊野坐神社をへて狼屹山（オオガクワヤマ・九二七米）の小広峠（コビロトウゲ）をこえて近露荘野長瀬館入りを計画したであろう。

　十津川郷武蔵邑に至って黒木御所をしつらえ暫し休養される。いま追贈正五位楠木正勝公碑のある所である。小楠公正行軍は四条畷戦に憤死され正儀―正勝―正理―行康とつづくのである。黒木御所とは生木で建てた荒家同然の仮御所の謂であり、十津川皇居となすには大げさにすぎる。七月二十五日赤松党勢六百人の襲撃をうけ、尊雅王御自身も肩口から一刀を浴びせられたまい、予定をかえて楠木正理や行康に背負われたまいて南方へと敗走されてゆく。南牟婁郡飛鳥郷神山光福寺に遁れ給うが刀疵重くついに八月二十七日崩御となるのである。ちなみに「野史」は八月二十八日となしている。「南牟婁郡誌」の編者は尊雅王の十津川皇居について、徴証なく郷内にたえて遺跡なく要するに空中楼閣たるのみとして否定している。滅亡の王朝史はすべてかくのごときであり、敗走の残兵に戦闘詳細のあるわけはない。ただ大塔村と十津川村には、『太平記』大塔宮吉野落にかかわる南朝忠臣戸野兵衛や追贈正五位竹原八郎らにかんする史料があり、一部尊雅王史と入混っている。野長瀬六郎盛高のみは尊雅王を光福寺に葬りたる後に、近露館へと辿りつかれるが、令弟横矢三郎右衛門尉盛実は武蔵御所での戦闘で深手を受け終に戦傷死されている。しかし系図には十津川戦争や尊雅王奉持の記載はなく、尊雅王関係の記載は横矢姫について尊雅王母とあるのみである。

熊野宮尊雅王の御母横矢姫④

楠木一族も楠木雅楽介行康、赤松勢のために脚を傷けられ熊野本宮に住み、後にいたり熊野坐神社の大宮司となり爾後正俊―成良―正隆につづくと、本宮楠木家系図に記載せられている。

尊雅王マタ南帝王尊秀王・忠義王ノ族ナリ、両王ノ薨去ニヨリ代リテ神璽ヲ護ル。長禄二年八月二十八《ママ》日十津川ニアリテ赤松残党小寺性説ラ六百人ニヨリ謀襲サレ給ヒ、尊雅王軍楠木正理ラニ護ラレ防戦シ疵ヲ受ケ神璽ツイニ賊所ノタメニ奪ハレ未ダ幾サズ、長禄二年戊寅八月二十七日、疵ヲ病ミテ光福寺ニ崩御シ、南朝コレヲ以テ絶ユ」、南山史の辞はかなしい。

一般の正史は以上を以て終焉となすのであるが、ところが光福寺境内に尊雅王妃藤ノ方御廟があり、一尺大の女体地蔵を小堂に入れ外側をブロック建築で囲ってある。光福寺は曹洞宗四法寺院であり文治年中

（一一八五）平氏大将平維盛卿の開創された非運の寺院である。長禄二年（一四五八）南帝尊雅皇子足利八代義政の軍に追われたまい神山村に薨じ、御遺器を光福寺に葬ると寺記にみえる。境内は廣寛にして樹老鬱蒼としている。

ところで藤ノ方の御身分について、甲斐国南都留郡明見村大明見《あすみ》所蔵の冨士文書資料は次のごとくなすのである。すなわち応永二十四年丁酉（一四一七）二月、後醍醐天皇第四皇子宗良親王の第二皇子尹良親王が、南朝義軍として挙兵をされたおり呼応参軍をした都留郡で、足利持氏の鎌倉軍と戦って敗死した武田信満公の孫にあたる女人であるというのである。そして藤ノ局と御子である尊雅王の王子信雅王と共に住んでおられたのだというのである。冨士文書においては前南朝・後南朝に関する詳細な史料が宝蔵せられており、大塔宮護良親王伝説まで加えられている。

美作後南朝皇統譜に甲斐国冨士谷との関係について次のように見られている。すなわち南朝一百代実仁親王、小倉院太上天皇大都正尊儀の第一皇子良仁親王、御母梅子内親王、長慶天皇々女、幼名亀壽王、称米山親王、嘉吉年中（一四四一）座甲斐国冨士谷落師、号了玄禅師があり冨士谷は南朝大本営とよばれているが、林嘉三郎氏の「吉野朝御系譜録」からは省かれている。同書の第一皇子義仁王以下は御母が大納言守房卿女になっているが、これは誤りであり九十九代亀山天皇第二皇子実仁親王が皇太子となられた所以は、実仁親王妃が梅子内親王なるがゆえに初めて南朝正統を嗣がれる次第なのである。しかるに林氏は、九十八代長慶天皇々女としては泰子内親王をあげているのみであり、梅子内親王の名は見えていない。小倉宮系の諸親王・王子がつぎつぎと殺され給い薨じさせ給いてゆくなかにあって、南天王・忠義王の薨去によって南朝皇統が完全に断絶し終ることにより、盟主を見失い次第に吉野山郡を下って落行先は、甲斐国冨士谷にあって落飾の御身とはいえ南朝皇統としては、御存命であれば了玄禅師の下に赴くより外なかったであろう。冨士谷文書に意外の文献の宝蔵される所以のものは、落行していった吉野山岳武士団たちが資料文書をはこび且は南朝悲史を語る覚書などを史料となしたものである。

美作後南朝が高原邑岡室御所において戦傷薨去の後も、あきらめることなく忠義王系を御生存として継続せしめているように、信雅王を作為してその後胤熊澤天皇系を形成せしめるのと何ら変りはない。それどころか、信雅王を近露館へとらつしきたって、新南帝王たらしめているのである。しかし野長瀬家系図は、信雅王については何一つ記載してはいない。横矢姫については大納言局の御名を以て、九年後の応仁元年丁亥（一四六七）七月四日薨じたまい尊雅王御墓の傍に奉葬したというが、武野姫皇后同様に終る所を知らずであり大日本史編纂者の語りと同じである。

南朝遺臣にたいする幕府方の追求探索はすさましく、楠木氏は北朝帝から勅勘を蒙る逆賊也との汚名をきせられ、楠木氏庶流と唯も到る所において斬殺が加えられ井光の伊藤家や近露野長瀬一党の末裔が、よく生長らえていること自体不可思議なほどである。近露の野長瀬家菩提寺観音寺境内に、五十四基にあまる後南朝時代祖先を祀る宝篋印塔や五輪塔があり、野長瀬・横矢一党の奥津城が造られているが、そのなかに横矢姫を祀った一基の御墓が果して加えられているであろうか。

野長瀬横矢姫の御存在①

紀伊国西牟婁郡近野郷近露の豪族野長瀬家系図では、淡路守野長瀬六郎盛矩について奉仕小倉宮とあり、小倉宮とは良泰親王のことであり人皇九十九代後亀山天皇第三皇子にして御母は伊勢国守源氏北畠顕信女信子であり、大和国吉野郡にいう後南朝一百代小倉院太上天皇こと実仁親王のことである。つぎに與伊勢国守左中将満雅卿共討死了とみえていることは、南風競はずやむなく御母の御実家伊勢北畠館によられたことをしめすものであり、野長瀬一族も小倉宮に随従して伊勢国へ落行されたことをいうのである。その次第は盛矩公の第一女横矢姫が義有王妃となられ、尊雅王御母となられたことから盛矩公は尊雅王の外祖父となられたからにほかならない。御盟主南帝勝公を赤松残党らのために失い奉ったとはいえ、南朝滅びさって六百数十年さきの吉野・熊野山国人の末裔たちが、いまに御朝拝式を永続せしめて渝ることなき所以と次第は忠誠の純真性も伏在するが、第二には後南朝皇胤の王子たちの御母が吉野・熊野山地王国における名族の御女であったことを否定することはできない。足利・赤松軍と山岳戦争こそは、外祖父・伯叔父・従兄弟として御孫・御甥であらせられる後南朝皇胤王子を盟主に奉じて戦死されていったのである。その血縁体要因として縁なくして、たんなる山岳民族の純一性のみを以て後南朝戦を律することは不可能である。

良泰親王が第三皇子にして皇太子を嗣がれ、南朝正統一百代となられた所以のものは皇后が九十八代長慶天皇長皇女梅子内親王であらせたことにほかならず、第四皇子尊義親王が南朝百一代高福天皇となられた理由は、第一皇子良仁親王足利戦に敗れたまひ已むなく甲斐国冨士谷に走られて落飾して終われ、第二皇子義仁親王は美濃国に戦って土岐持益軍に弑されたまひ、第三皇子天基親王は神璽吉野郡還御を願って禁門の戦に斃れ給うた諸事変のため、第四皇子尊義親王順にならせられたにほかならない。

ここで野長瀬家系図を以て正しとすれば、横矢姫は義有親王妃につかれて尊雅王を産み奉ることになっている。尊義親王に三王子あり、第一王子は近江国甲賀郡の竹内氏山邨《やまむら》藏人女武野皇后の産ませられたる北山宮尊秀王と河野宮忠義王であり、野長瀬氏横矢姫の王子が尊雅王になるのである。しかるところ従来までの研究及び多くの史料は尊雅王御系譜は、諱尊雅、御父義有親王、御母横矢姫、野長瀬六郎盛矩女、天靖四年丙寅（一四四六・文安四年）三月三日誕辰、称市川宮が定説になっている。横矢姫が尊雅王御母たることは誤りないが、御父が尊義親王か義有親王かの分別が課題になって派生してくる。しからば尊義親王と義有親王とは同一人物であろうかの疑いもうまれてくるのである。

そもそも義有親王は、九十七代後村上天皇の第五王子説成《ひろなり》親王の第二王子であり、第一王子共々楠木正儀女を御母となし御父説成親王の御母は大和国高市郡高取城越智家栄女である。越智氏・楠木氏共に南朝の忠臣であり、両将が南朝・後南朝に忠誠をつくされた所以のものは、ひとり殉忠の武将たるほかに叙上のごとき御血縁が存在していたことを知らねばならない。ここで野長瀬家が故意に義有親王を尊義親王に書改めたものとすれば、その理由及び原因は何かということを検討しなければならない。しかしここでは当分のあいだ、横矢姫を以て尊義王妃と義有王妃との両方から研究をすすめてゆきたい。

野長瀬横矢姫の御存在②

淡路守野長瀬六郎盛矩は初めから小倉宮実仁親王に御仕えしており、足利軍と戦い武運つたなく、左中将満雅卿と共に散華しているから尊義王に扈従しているので、これよりすれば尊義王との接近が少なくない。しかし河内判官に任ぜられているので楠木家との親交も少なくない。美作後南朝は御父義有親王、御母横矢姫としていながら肝腎の野長瀬家系図では尊義王女房としているのだから始末がつかない。以上の所縁から紀伊国西牟婁郡という位置から検討すると、義有親王御遠征とのつながりが濃厚である。というのは義有王は後南朝征夷大将軍として、つねに熊野・紀伊に出陣されており最後に紀州湯浅城戦に傷つかれるまで、紀伊国が戦野であり吉野郡三之公に退いて薨ぜられるまで大部分の御生涯を紀伊の山野で戦われておられるのである。これにたいし尊義王は都を追われて伊勢に遁避される間は、近江甲賀郡・大和吉野郡をわたられ神璽奪還のうえは叡山—吉野郡へ落着かれ後は殆んど野戦に立たれることはなく、三之公にあられて南朝の帝として軍民統率に当っておられたから、紀伊御出陣のことはない。

ただし系図には尊義王女房とあり、侍女としての立場から尊雅王を産ませられた状況にあるから、伊勢・大和かならずしも限定することがないので尊秀王が、近江甲賀郡山郁城に滞留のおりに武野姫が勝王・忠義王を産ませ給はれた状況を、嵌当せしめることは無理である。それと義有王妃として記録が全く見えないことであり、すくなくとも義有王妃であったならば婿君であるから、野長瀬郡が湯浅城戦に参画すべきであるのに参加の形跡も記録も全くないことである。しかし尊雅王にかんしては御母の生家であるから、野長瀬家は吉野郡・東牟婁郡戦闘にあっては親衛隊として、楠木軍と共に奮戦しているのである。また更矢日記にあっても、義有王御出陣の次第や戦闘状況・湯浅戦の模様は詳述せられながら、義有王妃御実家野長瀬家が実際ならば野長瀬館・近露城を本陣乃至は後陣とする戦闘詳報は全く缺除せられているのを不

小倉宮
九十九代後亀山天皇——良泰親王——尊義王——尊秀王＝（幼名）勝公・徳王
南帝王
北山宮
尊義王——忠義王
河野宮

A図

思議に思ったほどである。しかしそれらは更矢家には係りないことであるので、そのようになったものと思料してきたが今改めて野長瀬家系図に、判然と尊義王女房尊雅王御母と明記されているのをみると、従来までの義有王妃尊雅王御母の定説が一挙に瓦解し混乱してしまうのである。しからばここで、突如として派生した横矢姫の義有王妃と尊義王妃両説をどのように収拾するかの、対応にせまられることになるのである。

系図から観察すると横矢姫の御父盛矩が小倉宮に随従し、近江・伊勢に転戦している期間をつうじ尊義王の御身辺を案じ、横矢姫を招き御かまい申上げるあいだに女房となり、尊雅王の御母となられたとしか解釈しがたい。後南朝研究者たちは義有王が征夷大将軍として、殆んどを紀伊国地方にあって南風を競はせておられたので、西牟婁郡近野郷を湯浅城の背後兵站地区としての観点から野長瀬一族の援助をうけられ、横矢姫を容れられて尊雅王の誕辰があったものと断定している。吉野郡上北山村小瀬北山宮御所たる南帝山龍川禅寺の林水月師が、南北両統系譜作製において、A図となされたことは野長瀬家系図に合致す

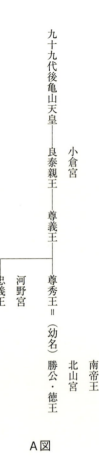

るのである。しかりとすれば大和高市郡高取城主越智家栄女を御母とする、説成親王の第二王子義有王、並にその第一王子尊雅王系図説はどうなるのであるのか、ということである。

野長瀬横矢姫の御存在③

以上両系説にたいする混乱に関し、吉野郡誌にあっては尊雅王の尊秀王猶子説が大勢である。しかし猶子説は御実子でない御子にたいする、別血縁にたいする方への措置でありあくまで御実子でないことへの、系譜上の認識に基くものにほかならない。ところで野長瀬家は家系尊重の立地から、義有王へは全く係りなく判然と尊義王女房とされているのである。更矢日記にあっても天靖三年乙丑（一四四五・文安元年）四月十六日、伊勢国大河内城に在った自天王・忠義王及び第三子尊雅王並に尊雅王御生母大納言局を奉じ二十八日に十二日を要して大和吉野郡河野宮へ、更矢一族が守護して安着せられる。ここで三位大納言局というは、北畠氏女を意味し野長瀬氏とは違ってくる。小倉宮良泰親王の御母が北畠顕信卿女信子であるから、それとの混乱が存するのであろうか。天靖四年（一四四六）冬には義有王軍は紀州に本陣を構え、足利軍と対峙し戦闘をまじえておられる。天靖六年戊辰（一四四七・文安五年）には義有王が、前線から河野御所へ帰還せられるが尊雅王との父子関係の記述はない。これを要するに尊義王にかんしては、二父君と二母君がいますことになり、B図のごとくになるのである。しかしこの解析は今後の研究にまたなければならぬが、その出典はいずれも名門の家柄なのでどのようにして結論を規定せしめるかが問題である。その進捗にともない、何故にそうなったかの沿革理由も明白になると思うから、却て好資料になると思料

義有王（美作後南朝皇統譜）
㈠父　君　尊義王（吉野郡上北村小瀬・南帝山瀧川禅寺記）
尊秀義父王（吉野郡川上村・南帝自天親王川上郷御宝物由来）
㈡母　君（北畠三位大納言局）
（西牟婁郡近野郷・野長瀬盛矩女横矢姫）

美作後南朝皇統譜
野長瀬家系図

B図

せられるがそれにしても可笑な次第といえよう。

熊澤天皇系譜は尊雅王―信雅王系にはじまるのであり、宮号も市川宮・熊野宮であり特に義有王にまで遡ってはいない。美作後南朝皇統譜にしても山名家が大和壺坂館から、南朝皇胤の御一方をらっしきたり奉戴しているが、すくなくとも更矢日記でもその芳名と系譜由来を明記しておらず、北朝史及び足利氏では諸国に南朝皇胤の蜂起があり、そのたびに北朝帝はおびえ給うてあられその伝統は北朝系の明治大帝にまで及び、そのゆえを以て明治政府は南朝系天皇・親王の方々を官国幣社の祭神となし、楠木正成公以下の盡忠の南朝武将を別格官幣社の祭神に奉祀した所以も伏在している。いっぽう足利高氏以下は逆賊あつかいをうけ、維新の志士たちが京洛の橋上にひきずりだして、斬首の刑をほどこすなど南朝以来の復仇をはたし、創社のうえ祭神に祀られるごときケースは一例もない。

前賀州大守　盛阿大禅定門霊位

賀州とは伊賀守の謂であろうか、寛正五年甲申（一四六四）十一月五日卒去の方であるが、中祖庵へ畠を寄進された方であるという意味である。一百二代後花園天皇の御宇で足利幕府は八代義政の時代であり、後南朝は天靖十八年庚辰（一四六〇）の長禄四年十一月二十一日で滅び、寛正に改元され足利幕府は北朝から勅勘を与えられた楠木一族の残党狩りで庶族をも見付だしては斬殺を逞うしている。大楠公の伯母を室としている野長瀬一族も熊野深山の険峻近露城に籠城すると雖も油断はならない。

賀州を以て加賀国とすれば、当時は赤松政則が加賀半国の守護となって入国せんとして、国守富樫氏の被官らがしきりに妨害反撃をしている時代にあたるから、加賀守は野長瀬一族が吉野朝奉勤の時代における叙任の国名であろう。しかし吉野朝は赤松軍に侵されて已むなく御弟野長瀬六郎盛高は吉野山を落ち、長禄元年丁丑（一四五七）十二月に近露荘へ還住している。すなわち名門六郎（轆轤）家は、横矢氏に嗣がせて名跡を建てしめている。しかして二弟の盛實には贈姓横矢氏を名乗らせ、横矢三郎右衛門尉たらしめている。すなわち轆轤師一門とのつながりは、横矢氏系をもって厳然とつながれていることは中祖庵奉持の十二基の御位牌によって知執することができよう。盛實公は吉野山城での赤松軍との戦闘で深手をうけられ終に戦傷死をされているから、前賀州太守は盛實公にあたる。盛阿大禅定門の盛阿も盛實公にあたるとしたい。

盛實公は生前中祖庵へ多くの仏畠を寄進しておられる、中祖庵への功績については特記せられているのである。字木下にあった中祖庵がいかなる経緯を以て廃寺となり、代って字道中の曹洞宗見松寺になったかについては、嘗て天台宗あるいは真言宗寺院とみられる中祖庵が、転宗の時代において盛阿大禅定門寄進にかかわる横矢家裏の萬福山に転住したとも考察されるのだ。

四法寺院曹洞宗見松寺の御開山は布国文益大和尚で、寛文五年乙巳（一六六五）三月二十八日の遷化であるから、開山当時にあっては中祖庵との両寺が併立していたのではないか。ここで野長瀬家一門の菩提寺は臨済宗東福寺派の観音寺であり、塩見峠の戦いで豊臣秀吉軍のため欺打にあって敗れ一族のほとんどが戦死したおり廃寺となり、現在は寺堂のみ建てられ野中の曹洞宗養命寺の杉本千丈《せんじょう》住職が代理されている。すなわち野長瀬家一門は臨済宗東福寺派であり、同じ血族の贈姓の横矢氏一族は中祖庵同行であり、末裔の横矢家一同は曹洞宗見松寺同行なのである。大名紋の立派な位牌十二基が、見松寺本尊十一面観音の背後から発見されたのは、同寺改築にあたってのおりのことであり、前賀州太守盛阿大禅定門をはじめ石見国美濃郡疋見《ひきみ》郷の桃源壽源居士や国境をこえた安芸国山縣郡の旭参道光信士をふくめ、その何れもが横矢野右衛門家などにつながる血縁の人々なのである。

四─㈠　まぼろしの秘書『南山雲錦拾要』とは何か

山地　悠一郎

『南山雲錦拾要』と題する書物がある。

奥吉野の旧家、伊藤家に秘蔵する文書で、南帝勅願所開基車僧宝泉寺住職・林海音（号水月）の筆写によるもので、海音永らく同家に逗留し世話となった謝礼として同家に残されたものが人目に触れることなく殆ど現在まで所蔵されていた。

かの柳田国男も披見することを得ず、氏の筑摩書房刊による『柳田国男全集第四巻』〔資料としての伝説〕にこの書名が書かれ、大方、浪合記に類する（地方伝承の一類）ものであろう、とやや軽視の旨が書かれてある。大体に柳田国男は当時の他の官制学者と等しく、奥吉野の歴史は木地師等の介入による物語的にしつらえたるもの也、として頭から信用しないし、吉野の人たちは、柳田は赤松系だとしてその存在を嫌拒している様子を見ても両者の関係が判る。

林海音は篤実な学者で宮内省の覚えも良く、吉野の遺跡に関して協力を依頼されもしたが、現伊藤家当主の祖父が川上村村長の頃のことで、その後、祖父没して以降は立場を失って名は消えたが『雲錦拾要』は深窓に眠っていた。

これが秘書たる所以は決して柳田のいうように地方史の脈絡をつないでつないで創作したものでもなく、また皇裔と伝えられる同家の系譜に関わるものでもない。この書は奥吉野、南朝に関わる諸社寺等に保存の記録の要所を保護せんがために謄写したもので、その冒頭に、

《南山皇統実史探諸名家秘録不餝詞玉筆化其侭集一巻為我家秘蔵堅不出門外禁他見勿為猥一覧矣可慎》

とあり、当時、明治二十年代にはなお諸本、諸資料の流通公開は少なく、現今では既に秘録ともいえざるものも含まれるが、また唯一、学徒が重宝として座右に置く『大乗院寺社雑事記』等、常時その筋の人たちの引用する資料とは別して特異な知見なり疑問を得ることもできるのである。これを何故、他見を慎むべしとするのかに就いては、要は当時、奥吉野随一の旧家以外にやたら妄説を許さず、当家こそ南朝類系の真実を蔵する家柄であるとの誇りを保たん故であると考えられる。

◇

本書の内容は前述の如く柳田のいう巧みに修飾と史実へのつながりを意図した物語ではなく、また興福寺文書も「大乗院云々」とは異なる『官務帳』よりの抜出、『官務政所御房』、或いは『官務録牒紀』、『三綱記曰』、等興福寺内の各役務の記録よりの抜き書きが見られ、当時の興福寺は実体が大和の守護職であるから当然、寺内に各部処を司る役所が有ったことによる。私はその中に従来、各方面から多くの疑念を持たれていた大塔宮護良親王の熊野落ちの日程が明らかにされているのに少なからず驚いた。『太平記』における熊野落ちの道程が虚構であることはすでに複数の学者の論ずるところであるが、大体に『太平記』は概して日程を明らかにしないことが多く、熊野落ちも何時何処を通ったものか、そのままに読めば多

くの疑問を生ずるわけであるが、その日程がかなり明らかにされるに及び経路が自ら見えてくるのである。興福寺の貫長に親しい知人から、この『官務帳』の記載に就き問い合わせて頂いたところ、とにかく整理されたものは氷山の一角とのこと、いまだに御返事が頂けぬとのお話で、偶々、林海音の目に止まって筆写されたものが残ったわけである。

同じような話であるが、元来、楠木正儀は終わる処を知らず、であるが、『大和社記』には足利義満、正儀の返叛を怒って畠山義清に命じて大和十津川の奥山中野ヶ原村に攻落逝去した。元中三年四月十三日、行年七十三歳、とある。

大和神社は、欠史八代後、崇神朝の発祥の頃の石上、三輪、と並ぶ現朝廷史上の元祖ともいえる尊い神社であるが、大和地方特有の池とも沼ともつかぬ水溜まりに枯葦が姿を落とす中を行くと巨木の雑林あり、古色時代を遠くいにしえに戻し、色彩を忘れた如くにも寂然とした神域は広大で神殿は誠に風格のあるものであるが、その他に建造物を見ず、ややあって樹木の影に数羽の鶏の遊ぶを見てそこがどうやら神務所であると気付いたのである。

大和神社の社記はすでに明治政府の官制の宮司の差遣の折に、それら貴重文書は全て廃棄されたものの如く残るものなし、と宮司の表情も呆然と誠に寂しいものであった。北朝期に南朝の関係者は都を逐われたが天皇発祥の故地の諸社寺に愛着を覚え、親密な心情を宿していたことは残された文書による処が大きい。

◇

而してこのことは『南山雲錦拾要』に記載された他の寺社、私蔵書にも見られる。

『金剛山衆徒霊寛房甲牒状』
『笠置寺蔵経裏書日記』
『北畠家記録』
『法輪寺記』
『北畠殿秘録日記』
『東大寺東南院家伝紀』
『尊勝院家ノ日鑑』

これらは断片的ではあるが、当時では貴重な資料と覚えの筆写されたものである。このうち、現今において最も感慨を喚ぶものを二三挙げておく。

㈠は長禄二年七月二五日、赤松満祐家臣石見某の家族、間島某が南帝（御名不明）を殺害し神璽を奪う段があるが、その折、円悟王の御子熙国王を大観院宮と称して伊勢永島に走らせ八月三日に北畠館に到着している。

㈡は主として『北畠殿秘録日記』に依るが、文明の頃、北畠家に拠る大観院宮なる方が屡々現れるが他の資料に見ることなく判断に迷うが、その後系として、

㈢熈国王とその後裔の系譜が「東大寺東南院」、「尊勝院」、「多気慶寿寺」等に出家のこと、及び北畠自体の系譜との関連が述べられ、非常に理解困難であるが、大体に北畠家に埋没せる皇胤は数有るはずであるが、その後の経緯が詳らかでない。結局、奥吉野を逐われて伊勢に入ってからの行動が不明、というより寧ろ埋没の感が大きいことがこの『南山雲錦拾要』を見ることにより痛感し、且つ哀感を覚えざるを得ないのである。

以上『南山雲錦拾要』の概略を述べたが、本書は或る事情により伊藤氏より披見を許されたのであるが、その後聞くところによると何処かの資料館に納まったと云うことである。

本原書により解読なし難き内容等が多くあるが、一応、理解出来得るものとして小生の纒めたものに次の如きものがある。

一、伊勢北畠家に埋没せる南朝の皇胤
二、「大塔宮熊野落ちの事」に関する疑義
三、地方文書に見る楠木正儀の評価

一、に就いては、大体に後南朝の皇子が川上村の長禄の惨事において殺され、自天王の朝拝式においてこんにちに残る一抹の哀話を以て終末の感があるのに対し、北山村、滝川寺に去来する皇子を別の視点より見ることも有用である一つの範とするものであろう。

二、は平成一二年九月発行の『南朝霊の呼び声』歴研刊に所載のもので、孰れも従来の『太平記』を原本とする大塔宮の動向に対して別個の資料より見解を問うたものである。

三、の楠木正儀については、『ぐんしょ』（続群書類従完成会）49号に所載されている。

四―(二)　南朝の皇胤、伊勢北畠家に埋没し終る

山地　悠一郎

興福寺三綱牒録後記曰

（以下『後記』トス）

《嘉吉二年九月廿三日南方旧徒残軍為楠木次郎正秀引率三百余騎ヲ入洛襲フ内裏天皇遊宴之席上正秀揮テ長刀ヲ逼ル天皇正秀目眩メ斃ル賊見之畏テ不近天皇近衛殿へ行幸ス賊兵奉盗三種神器ヲ走ル外門ニ于時足利義教追テ軍兵ヲ討賊兵奉奪返神鏡ヲ賊拾ツ神劔清水寺辺ニ賊兵大将万壽寺忠義王――後亀山帝第三子也号高福院宮ト――独奉　神璽登叡山聚衆徒不参一人モ云々　管領畠山徳本依台□圍テ山門ヲ急ニ攻之偽主自殺ス其残橋本掃部介始メ神宮寺以下拾弐人悉戦死楠木正秀独奉　神璽ヲ帰ル吉野ニ其余党日野有光其子資親以下人々十六人被誅云々》

以上は〝嘉吉の変〟宮中乱入事件とも呼ばれ『看聞日記』等にもその様子が述べられているが諸書やや統一性を欠く。要するに源尊秀（一名鳥羽尊秀とも）が首謀者らしく僧体の宮、それに公卿の日野有光が

内応した。帝は女を装い近衛第に脱出し難を遁れた。南方の徒は叡山に走るが衆徒これに応ぜず、宝剣は清水寺の辺りに捨てられていたが神璽は源尊秀とともに行方がわからなくなった。南方の記録によれば、神璽は楠木正秀、橋本兵庫助が奉持して奥吉野に到った、とあるが、元来、禁裏より奪った神璽はいかなる経路を経て奥吉野までもたらされたか従来確実な資料はないとされている。前示『後記』中の《偽主自殺ス》は南方記録よりして小倉宮泰仁親王のことと思われ、その他の南方王子には尊義王（金蔵主）も居たとされる。これら皇子の実名は諸記録により異なることは述べたが、また後日に至って想定されたり合成されたりして文書に残るので、なおわずらわしさをますのである。

そこに美作後南朝史なるものが独り歩きもする。

神璽がいかなる経路にて奥吉野にもたらされたか各方面の資料を徴してもさだかでないが前示の『後記』には続いて次の如く述べられている。

《文安元年四月南方残党等立テ南帝皇子円満院宮行悟——僧正嵯峨上皇御子始号将軍宮——称南帝ト為大将ト奉所盗以神璽集残兵紀州和州ノ間南朝後常院宮御子円満院円悟宮称シ南朝将軍宮ト奉随越智宇野湯浅恩智橋本福塚秋山巨勢山本以下口楯籠吉野加名生銀ヶ嵩城ニ将軍家佚畠山并遊佐等発向彼城ニ悉破却之将軍宮沈落紀伊国南帝退ク川上荘》

嘉吉三年の二月五日に文安と改元したので、右の文書による文安元年四月とは嘉吉の皇居乱入事件の翌年となる。円満院宮行悟を嵯峨上皇とは間違いというより後亀山上皇嵯峨大覚寺に居られたことよりして書かれたものとしか思えぬ。後常院宮御子云々は護聖院と解すべく、要するに僧行悟と円悟が神璽を奉じて、それぞれの部下を従え加名生銀ヶ嵩城に栖籠ったが打ち破られ円悟は紀伊に落ち、南帝行悟は川上村に退いた、と川上村の説とは異なる経路が書かれてあるが、これはこのままに措く。

一般に後南朝史は川上村において今日《こんにち》なお続けられている厳寒二月の朝拝式、すなわち自天王をお祀りする儀式が中心とされ、小倉宮一代良泰親王の第三王子尊義王（万寿寺空因、金蔵主とも）の長子であるとされている。

然して神璽は誰の手によって運ばれたかはさだかでなく、楠木正秀、橋本兵庫助が奉持して河野郷の山中に潜んだ。また円満院円胤（義有王）が奉じていた等の説も後述の文書があり、とにかく、神璽が後南朝の証しとして現れたのが文安元年夏のこと、高野山寺録《小倉殿ノ王子　円満院門主ヲ招請、帝位ニ即チ奉》

とあるところから義有王の線が自天王の旗揚げで尊秀王が嗣ぐことになる。

これら諸説は例によって後南朝史の王名錯乱の類に洩れず、諸文献、諸資料の相違に加えて地元の伝承に信仰も加わるものであるから安易に推断はできぬ。

円悟は後亀山弟の説成親王（護聖院）の第一王子であるが、元来この御系統は皇統としてあまり喧伝されることないが第二王子に円胤、すなわち還俗して義有王となり、兄弟共々、宮中乱入事件に関わっていたようである。義有王は説成の王子であるに拘わらず小倉宮第一代良泰親王の猶子となしている系図があり、また義有王の王子として川上村後南朝史最後の皇胤、神璽を奉じて北山から熊野に遁れたとされる尊雅王があることに注目せねばならぬ。

しかし尊雅王も尊義王の猶子として尊秀王（自天王）、忠義王と同列にされるのである。尊秀王、忠義王の後に位置されるのはやはり尊義王の猶子としての作意が覗われ年齢もお二人より上である。因みにこのご三方の次にもう一方尚尊王と称する末弟が居られ井光伊藤家に埋没する伝承が残り川上村後南朝史の最後を飾っているのである。

大体に後南朝皇系を論ずる時、元中九年の南北御統一の折の、《これ以降は両朝の御流に御代々に亘りて御譲位あるべきこと》との約定となるが、南朝の御流は概念的には小倉宮良泰親王の系統を自然の裡に言っているものならんが、長慶天皇の流れ玉川宮はどうであろうか、また、長慶、後亀山の弟君なる説成親王の流れはどうなのかについては論議されることが少ない。さらに小倉宮の王子にしても義仁、泰仁、尊義、尊慶など居られ、義仁は南北統一後も嵯峨に帰らず、独り美濃国において正長元年に土岐持益に謀殺されるあたり、何やら北朝方の南方皇系断絶の趣途なるごとく、また皇位競望の次として泰仁王が論じられることとなるが川上村における自天王の系統は尊義王系である。皇系最後の尊雅王は説成親王系であるが尊義王の猶子と造られているのは少しく苦しく、小倉宮一統の系譜を通したい意向が覗われなくもない。

さて、伊勢に沈落された将軍の宮円悟はどうなられたか。弟君の義有王の文安元年の旗揚、文安四年紀伊湯浅において討死四十歳はかなり正確である。

円悟宮を追う前に、何を措いても観せ場の長禄の惨事があるのである。

これは忠臣蔵、赤穂義士の討入りを逆にしたような一場の物語で、芝居にこそなっていないが、川上村後南朝史の中心であるので、いまさら述べる必要もあるまい。

長禄元年十二月二日の深夜、赤松党三十数人の刺客を二手に分けて北山、河野の両御所を同時に襲った。上月左近将監が事件から二十一年後の文明十年に書いた『上月記』に記されるところであるが、最重要点の神璽は、いったん赤松党の手に渡るものの再び奪い返されたらしく、その折には京に届いていない。

中村直勝博士は『南朝の研究』の中で、

《赤松党は二宮（忠義）を弑することを得たけれども一宮（尊秀）は山深く逃げ給い、神璽は郷臣の為に隠され、貞友以下戦死者を出した云々》

と書かれ、神璽が長禄二年四月の頃にもなお京の宮廷に出現しなかったようである（『経覚私要抄』）。

神璽の行方やいずこ、結局、隣村小川庄の小川弘光という者が巧みに強奪して同年の八月晦日に京の醍醐三宝院天神堂に帰着の由の記録がある。長禄の惨事より九カ月の空白の時期がある。

《長禄二年七月廿五日赤松満祐家臣石見太郎左衛門尉使其家族間嶋某ヲ吉野ニ降参□間ヲ殺シ南帝ヲ奪神璽ヲ逃走ル過塩谷村有テ大西助五郎ト者射斃中村間嶋奉神璽ヲ帰ル京ニ然楠木正親崩後奉テ、円悟王御子濫国ヲ号大観院宮ト走ル伊勢永島ニ八月三日到ル北畠館云々和田太郎正重出奔近江国甲賀云々》

およそ斯く著名な長禄の変について、『後記』には、これだけの記載しかない。これはかなり当時においても知られた事件だけに『後記』に詳記を略したものか、また謄写した人が省略したものかも知れぬが、元来、『上月記』自体が通常一級資料の如く扱われている反面、内情ではかなりその方面の学者間に疑問視されている面がある。

後南朝史に詳しい畏友故中谷順一氏は『南帝由来考』の中で、

《――このような計画により大和奥吉野で神璽を保擁する南方宮（南帝自天王親王、尊秀王）が赤松浪人間嶋次郎・中村五郎等に殺害された同じころ、美作国の北山城に御座した南朝皇胤も石見太郎左衛門雅助・丹生屋帯刀左衛門尉・同四郎左衛門尉・上月左近将監満吉、堀秀世等四十余名に襲われ殺されてしまったという。美作の後南朝宮暗殺は、固く緘口されて世間の噂にならず、後のち権力により証拠は隠滅されてしまい、大義名分のたつ大和奥吉野の後南朝宮殺害と、小川弘光による神璽奉還にすりかえて世に喧伝、朝廷と幕府では盛大に神璽帰座を迎えてお祝したので、後世に資料とともに残り、一方美作の後南朝暗殺は北朝廷臣たちも知らずのまま抹殺されてしまった》

との推論から美作後南朝史も荒唐無稽の説とは言いがたいと客観的判断を下している。

またさらに、

《――美作国南朝皇胤暗殺を、大和奥吉野の後南朝宮殺害に仮託し、事実を巧みにすり合せて慎重に書き残したのが、二十年後の南方御退治条々（『上月記』）という曲筆偽作の資料で世に出て以来一人歩きし、史実を混乱化させていると考えられる》

として必ずしも世に一級資料的『上月記』に対して疑いの目を持っておられるのである。『蔭涼軒日録』にあるが、奉殺された南方両宮三十三回忌大原陣所において行われた折、美作諸寺の僧のみこれを招致して供養せしめたことも不思議なことである。同じ日に、奥吉野北山村小椽の竜泉寺においても南帝自天王と側臣の人々の供養が五部大乗教を勧請して行われている。地元の碩学者、中谷順一氏ですら右の通りの見解で川上村後南朝史は一本でない。

ともあれ長禄の変が元年の十二月、雪降る頃であったのに『後記』には翌年の七月となり錯乱する。神璽は八月に京に帰ったわけであるから、通説では半歳間行方が分からずにあるところに諸説紛々とする根元が胚胎するのである。

元来、『三綱牒録』は別当の事務機関である役僧の寺領、庄園における紛争等の記録であり、広汎な諸事が全て記されているわけではなく、またその『後記』であるから記録する側の選択基準もいずくにあるかさだかでなく、しかしまず別当の側近でもあり、支配地区における事件には精通している筈であるから伝え聞きでなく、かなり信の措ける記載と考えたいのである。

かくして記述は問題の円悟王はどうなったか、神璽奪還されて後、御子澂国王と共に伊勢北畠の下に奔るのである。

元来、澂国王、澂高王など実名を持つ王子は、切れた凧の糸を求めるにも等しく難渋甚しきものらしく、江戸時代のものと思われる南朝皇系の民籍に伍した名家を示す国会図書館蔵の皇胤系図は両王を小倉宮系の末弟尊慶王の系統としているのである。

例によって全てを事実と照合するだけの系図は後南朝史には無いのであるが、ここに記載した漶国王の後を見ても濫りにつないだものでなく『北畠殿秘録日記』と称するあまり世に出ることの尠ない文書とも一致して漶国王の存在を重視していることが覗われる。大体において漶国王にしても漶高王にしても出てくる文書が至って尠ないし、通常は尊慶王の後にはなにも書かない。一つには熊沢氏の祖を調べる場合に重宝なので前記系図を引用されることが多くなったようであるが、元来、後南朝系図の主体はどうしても小倉宮系統が主体となるので、ここでは一つ、目を転じて後亀山弟、説成親王（護聖院）系の記録を徴してみるにおいて、案外、奥吉野と異なった南朝皇胤の終末を見ることができそうである。

なお、熊沢家の話が出たので附記しておくが、後亀山と説成親王の間に泰成親王なるお方が居られ、この方の御子泰邦王が尾張中島郡大須在真福寺に大須宮頼瑜と称して入られ、後に候人澤田某に依頼して義仁王の首壺を美濃国可児崎（羽崎）より奪取して尾張時之島に移葬することが系図に脇書に見えこの時之島こそ、あとあと問題となった熊沢家始祖発祥の地であるのもこうした縁によるものである。

余談さておき、再び『三綱牒録後記』に戻る。

《応永廿二乙未年依小倉大観院宮（漶国王　小倉男円悟ノ子ナリ）之命勢州多気国司北畠権大納言源満雅与将軍家義持依不和ニ引率大軍ヲ大河内城□□□□□□□□□□号大河内殿其身ヲ楯籠多気城云々御教書到来為宮勢公下□ト一山衆徒並馳向当国赤埴田口ニ争戦シテ不利退萩原並檜牧重為後詰十市筒井椿

井古市布施万財箸尾等諸将分二手ニ発鷲家越□端一手ハ桃俣石名原ニ云々　争戦数日アリ後日和睦ス永亨ノ末小倉宮并御子澂国王帰洛ス云々》

（注）　永享の未帰洛は疑問である。

応永二十二年の乱は泰仁王が皇位迭立の約定が破られたことにより北畠満雅に拠ったことによるが、説成親王仲介により一応納まるが澂国王の参加も記しているところより、既に王は北畠の治領内に擁せられていたものと思われる。円悟は説成親王の第一子で年頃よりして泰仁王に近くもあろうが、大体にこの辺りはみな小倉宮と呼んだものらしく、やや粗雑な感もするのである。

とにかく伊勢の北畠関係には大観院宮澂国王が屢々出てきて既説の後南朝史を惑わすのである。

前記の反復となるが

《長禄二年七月廿五日赤松満祐家臣石見太郎左衛門尉使其家族間嶋某ヲ吉野ニ降参得間ヲ殺南帝ヲ奪神璽ヲ逃走ル過塩谷村有テ大西助五郎ト者射斃中村間嶋奉神璽ヲ帰ル京ニ然楠木正親崩後奉テ円悟王御子澂国王ヲ号大観院宮ト走ル伊勢永嶋ニ八月三日到ル北畠舘云々和田太郎正重出奔近江国甲賀云々》

これは神璽が帰洛した件で、一般に十二月の雪深き折に南帝が襲われ、神璽は行方不明となり、その後、約半歳の後、一説小川弘光の手にて長禄二年八月晦に大内に戻るが、右の文書によると、その年の七月にもう一度襲われて、その折に神璽が奪還されたことになり、約半歳、俗に言う空白の期間の必要はなく合理的である。

この件に関し新井白石の『読史余論』にも『南方紀伝』を引用して次の如く述べている。

《長禄二年六月廿七日ノ夜、南帝高福院殿崩御（尊雅王カ）、神璽帰洛、南朝（方）紀伝に満祐（赤松）が家人、石見太郎、三條内大臣実量に仕へしが赤松が家絶えし事を歎きて尊氏、円心を父と頼まるゝ由の文書等をも見せしかば、いかにもして嘉吉の逆罪を免るゝ事や有べきことありしに、南帝をうちて神璽を再び朝に献りて罪を贖ふべしといふ。内府かくと奏し武家にも仰られしによりて赦され、赤松一族、眞島・衣笠并に中村弾正等と相議し十余人南帝に仕へむ事を請ひしかばゆるさる。此夜中村忍入て南帝をうち奉る。手負給ひながら十津河に還幸、終に崩御也。中村は討れしかど眞島・衣笠等神璽をば奪ひ得て都に帰りて大内に奉る。義政やがて満祐が弟義雅が子に性存法師といひし云々》

とあり六月二十七日南帝崩御は赤松党の討入の如く書かれ半歳の空間は無い。この討入りは前年雪の頃の討入りと重ね合わせて何やら美作皇胤の謀殺と関係ありやとの疑念をも抱けるし神璽自体が美作に有ったとする所謂、美作後南朝説をも推論したくなるのである。

神璽の半歳余り行方不明の件で寄り道をしたが、その第二回目の襲撃の折にまた円悟王御子大観院宮淵国王が御坐あり伊勢に遁れたことが『後記』に記されている。川上村の後南朝史は尊義王関係の二王子、そして猶子とされる尊雅王の死を以て終焉している。この尊雅王は元来、尊義王の御子ではあるまいことから猶子とされ、実の父親は義有王として川上村の中谷氏の系図には教えている。その義有王の父は後亀山皇弟の説成親王であるから、義有王の兄の子である凞国王とは従兄弟同士の関係であり、説成（護聖院）系が円満院系ともなり大観院系ともなり長禄事変の最後に残っていたわけで、両者どこかで混同されたものか、或いは尊雅王傷を負うて神ノ山光福寺に薨じ、凞国王独り脱出して伊勢に奔ったものか、その辺りの資料は全て曖昧であるが、『北畠殿秘禄日記』に再び凞国王の御名が出てくるのである。

《北畠殿秘禄日記
　文明三年八月北畠大納言教具公掲義兵奉南帝円悟子瀬原凞国企テ上洛欲起南朝則大観院宮到伊勢ニ従見亦移ル大和国吉野ニ楠木平左衛門尉成光（三郎成晴ノ一男）同男右馬允正俊同弟河内守正信和田新左衛門尉正高秋山太郎直重後藤遠江守基行湯浅宇陀一統山□池田等馳参吉野ニ北畠殿ハ出張ス大和檜牧城ニ依テ興福寺官務筒井椿井ヲ始メ十市万財ノ面々発檜牧城ニ散テ攻戦リ国司敗北ニ退キ玉フ本国依亦大観院御父子退テ吉野ニ帰伊勢ニ玉フ云々　然後凞国王入多気金国寺為僧ト玉フ》

長禄の変から約二十年後の文明三年、隠忍もよいところで亡霊の如く南朝皇子凞国王は上洛を希求するのである。奉ずるは北畠教具卿、興国三年にはじめて顕能卿が多気に拠られてから、顕泰、満雅、教具、政卿、材親、晴具、具教と天下を碑睨して国司は続くわけである。吉野になお馳せ参じる者多かったが、興福寺に制圧されて国司側は敗北、大観院御父子は伊勢に戻り、金国寺に入ることとなる。金国寺は多気に在る北畠歴代の菩提寺であったが、周囲の数多い名寺と共に廃寺となり、これら寺址跡の偉観は、かつて多気が北畠の根拠地として舘を置いた城下町の様相を今に物語るものである。

文書中、大観院御父子とは澀国王と一子、澀康を思わせ、東大寺尊勝院家の日鑑に、《東南院観賀法親王ノ御師範孝縁僧正南朝ノ皇統小倉瀬原澀康男ナリ》

澀康の一子は澀高となり母は北畠大納言教具卿息女であり、澀高一名波瀬御所と称す。しかしながら澀康の位牌は東大寺尊勝院に安置されるが（永正二年二月十四日没）、澀康の位牌は法名性空として同院に安置されるものの、天正四年十一月二十五日織田信長の為に殺害被らる、とあり、同文書に、《当院主覚任ハ俗名瀬原并波瀬澀高一男御曹司澀具法名也》

とあるところより、いっそうの研究を要するところである。澀高の一子澀具、幼にして紀伊に隠れ北畠家没落後、出家して東南院門主覚任となりて南朝の末商ここにして終わることになる。

なお澀具の母は《北畠具教女ナリ》とされる。

後醍醐天皇より二百九十余年にして相擁して共に支えて来た南朝の終焉である。

波瀬御所については、一志町波瀬の室の口、俗称「茶屋」に所在しており、現在宅地化されていて御所跡を偲ばせるものは殆ど残っていない。ただ唯一、宅地内の一隅に六地蔵石幢が祀られている云々、と一志町教育委員会文化財係の御教示である。

四──㈢「大塔宮熊野落の事」に関する疑義
興福寺の官務帳抜書により解説

山地　悠一郎

『太平記』は史学に易なしと謂《い》われたが、その戦記物語り的な粉飾は衆目の一致するところであり、とかく名文にて語るに調子の良い個所ならびに中国の故事をやたら持ち出す場面などは危うい。日月が欠落し、また季節感に乏しい個所も要注意である。読んでいてふと少年雑誌小説を読む気分になるところ、見て来たような嘘、なる点もあり、騙されているのではないかと妙なことも考えたりする。

その一例として〝大塔宮熊野落の事〟の項を見てみる。

私は遇々、奥吉野の某旧家から『南山雲錦拾要合本』なる一書を被見させて戴く機会に恵まれた。

〝此書南山皇統実史探諸名家秘録不鏅詞玉筆化其尽集一巻為我家秘蔵堅不出門外禁他見勿為猥一覧矣可慎〟

と冒頭に書かれてあり、そもそも同家に逗留せし林海音（水月）師の集録して自筆合本となせし貴重なものである。

通読して特に日月に疎漏な『太平記』の〝大塔宮熊野落の事〟の項が日を追って明記されていることに着目した。

内容が簡素で熊野落、殊に由良の湊を見渡せば云々の海行きの記載のなきこと、などから従来この項目についての疑問の数々に暗示を与えられる如きものを覚えた次第である。
本書は後醍醐天皇内々思召しの事露顕せる元弘元年八月廿四日夜、内裏を出て南都東大寺東南院へ行幸ありたる折を初めとし、縷々興福寺宮務政所の諸記録並びに東大寺東南院、尊勝院の伝記日鑑をはじめその他南山諸寺曰く書等、嘉吉二年九月廿三二日、楠正秀による大内乱入事件を概ね終りとするものである。

元来、『太平記』の〝大塔宮熊野落の事〟に関しては、先ず海路より入りしことに関する疑問をはじめとして、紀州、熊野、十津川など地名に関する錯誤を起さしめる内容、いずこの道を通りしかとの道順、引いては竹原は北山村か十津川村かの問題、それに日程の不明も絡んで従来諸意見が交わされて確たる定説を得ず、今日やや定着に近いものを見る現状である。地元の信仰の問題もあり、安易に論ずるべきではあるまいが、しかし疑問は疑問である。まず第一にこの項に日程が全く書かれていず、切目王子から道のほど十三日に十津川に着く（異本には三日とも）とあるのが唯一であり心細い次第である。そして、〝由良の湊を……〟の行《くだり》はよいのであるが、全般に季節感が全くないのはいかがなものであろうか。言葉だけ美しくても周囲の状況が把めぬ。要するに紀行文としての実感が湧かないのである。小児に聞かせる説話のような場面が多い。般若寺における唐櫃に隠れんぼ、するあたりはいかがであろう。「官務帳抜書」には般若寺に忍ばれたことは書かれてはあるが、追手と衆徒の間にいざこざの起きたことが書かれて、次いで内山永久寺（廃寺）その他に赴かれた旨が書かれてある。その折に宇智郡宇野館に立ち寄られたこともある。十月二日より六日の間である。

折原の大塔山光円寺（住職宇野憲章師）に次の如き記録がある。

即ち〝当山四代覚尊の時、元弘元年大塔宮護良親王たまたま当山に潜み給うこと役三ヶ□この因縁により山号を大塔山と号しこの垣内の名をも大塔家垣内と呼ぶようになり云々〟

この時のことであろう。

（注）また同寺関連の伝承が『寶青院紀』（創建参拾周年記念号）にある。

大塔宮熊野落に関しては諸説粉々であるが、日本大学名誉教授文学博士安井久善氏の『語文』第四十八輯を参考とするに、先ず頭初に、

〝……その中に述べられている大塔宮のたどられた経路について考えてみると、現地名との関連において甚だ疑問なしとしない。この記事の殆どすべてが太平記作者の創作であって事実ではないとする見解もみられるが云々〟

と述べて、縷々『太平記』の記述を検証しておられる詳細なものであるが、〝戸殿――辻堂地区は古い伝承を残しており、まず宮が十津川に足跡を印した所として最有力の候補地と考えてよいこになろう〟とし、むすびとして、

〝……その地名と宮一行の足跡とを原文（太平記の）とおり大略たどってみた次第であるが、そこでいくつかの矛盾に逢会した。それは主として太平記に記述されている地名と、従来そこと比定されている地名とを対比した結果、宮一行の足跡がきわめて不合理なものとなってしまう点であった。その主たる原因

は地名の比定そのものに誤りがあるのか、あるいは太平記の述べる行程そのものがフィクションであり、宮一行の足跡なるものは架空にすぎず、現地にあてはめること自体が無意味であるのか、そのいずれかであろうと思われる……〟

と論じておられる。

この行《くだり》は従来ともかなり論じられた個所である。熊野落全体の記述がフィクションであるが、十津川郷を味方につけるための竹原館などへ赴かれたこと、これに関する断片的伝承はあるにしても、太平記載述の地名行程などに関する疑問や不審は、例えば大西源一博士なども言われるところである。

大体に熊野それ自体の呼称に関して、曽て新宮在住の史家、小野芳彦氏の言葉を藉《か》りると、

〝熊野の申すは、紀伊国東牟婁、西牟婁、南牟婁、北牟婁、四郡の地に戦国時代後、大和吉野郡の方に入ってしまった今の上北山、下北山を加えたものであります……〟

と皇室の熊野詣でのことから熊野が広域であり、また『増鏡』には、

〝宮は熊野にもおはしけるが、大峰をつたいて忍び忍び吉野にも高野にもおはしまし、通ひつゝさりぬべき、隅々には、よく紛れものし給ひて、健き御有様をのみ現し給へば、いと賢き大将軍に在すべしと、附き随ひ聞ゆるものいと多くとなりゆきければ、六波羅にても東にても、いと安からぬ事云々〟

として熊野一帯の行動を略述している。而して従前、小野氏は〝大塔宮様熊野落の御道筋は大体『紀伊続風土記』日高郡切目荘五体王子の條に據ったもの〟として、これは戦中の書き物であるが故になお『太平記』の記載ならびに宮の山中彷徨のご苦労を顕化するために、山野渓谷を跋渉する次第の想定がなされ

ているが、要は戸野自体も北山荘なるか十津川なるかよく判らないというのが本当らしい。

『南山雲錦拾要』の「官務帳抜書」の記載には第一に日程が明らかであり、これは他のいずれの書にもないもので、単に秋の頃とされたりしているが、この一事をみても『太平記』の海路、そして熊野落がフィクションであることが知れる。尤も十津川には敵軍に交渉したり味方を集めたりする必要から芋瀬あたりまで南下することは十分納得のゆくところ（安井博士）であり、野長瀬氏の救援も事実であり、後々同家が南朝に味方を続け、一族に更矢姓を賜ったり、また正平三年戊戌（一三四八）人皇九十七代後村上天皇より、小楠公正行軍に属して吉野皇居を守護した六郎盛朝に賜る綸旨も宝蔵されている。

備前国、吉永保伍分壱
地頭職為勲功賞可知行者
天気如此悉之以状
　正平三年八月七日　左少辨花押
近露六郎館

吉永町は現在、岡山県和気郡にその名が残る。

般若寺にお忍びになった大塔宮の動向も、唐櫃の中に隠れありたる物語はフィクションであろうか、確かめることはできない。ただ、何か追討軍と衆徒の間にもめごとがあった事実が述べられてある。

内山永久寺は奈良県山辺郡、現在の天理教本部の南方に寺趾をとどめる廃寺であるが、法相眞言両宗兼帯の名刹であった。延元元年後醍醐天皇吉野遷幸の途次、御休息遊ばされたことが『太平記』にも見え、また興福寺との関係も深い。大塔宮が立寄りあらせられるのも至当のことと思われる。

「官務帳抜書」の記述は簡素なものであるが、林海音師が秘録として謄写されたものだけあって日記とし有用の感、深いものがある。

官務帳抜書（興福寺文書）

一 元弘元年九月廿七日、城州笠置寺ノ城落ト云々。同廿九日大塔宮護良親王南都般若寺ニ御忍ヒ玉フ由、其聞アリテ一乗院門主ノ候人按察使法眼好専等、五百騎ニテ彼ノ寺内へ発向シ尋サガシ奉レドモ、、宮御座不知云々。仍テ軍空シク立帰ルナリト。其道ニテ同寺衆徒ト争論ニ及ビ、大鳥居ノ側ニテ大合戦ナリ。候人打負ケ引退ク。依テ衆徒彼宿所林小路トモ宿所ニ押寄セ放火ス。好専等白毫寺ニ入リテ自害スルトナリ。

一 同十月二日、大答《ママ》宮南都東南院ニ忍給ノ由風聞ス。武家ヨリ探奉ントスル由ニテ、甲兵向フト云々。宮夫ヨリ東大寺衆徒摂嶺龍蔵院、並油蔵伊豫坊、山門ヨリ随身スル光淋坊其尊、赤松律師則裕以下ヲ召連ラレ内山永久寺ニ御入、夫ヨリ滝谷寺ニ御一宿、夫ヨリ吐山春明院へ御入アリテ山門来院ナレハトテ多武峯へ御入アリテ、衆徒ヲ召寄ラレ、当国宇智郡宇野館ニ御入アリ。同郡加藤太郎光直ノ居城ナル高ノ巣ヶ城ニ御入籠城ト云々。永谷大学介手柄アルナリ。

由良湊《ゆらのみなと》を見渡《みわた》せば、澳漕《おきこ》ぐ舟《ふね》の梶《かぢ》を絶《た》え、浦《うら》の濱《はま》ゆふ幾重《いくへ》とも、知《し》らぬ浪路《なみぢ》に鳴《な》く千鳥《ちどり》、紀伊路《きのぢ》の遠山渺々《とほやまべう〳〵》と、藤代《ふぢしろ》の松《まつ》に懸《かゝ》れる磯《いそ》の浪《なみ》、和歌吹上《わかふきあげ》を外《よそ》に見《み》て、月《つき》に瑩《みが》ける玉津島《たまつしま》、光《ひかり》も今《いま》は然《さ》らでだに、長汀曲浦《ちやうていきよくほ》の旅《たび》の路《みち》、心《こゝろ》を砕《くだ》く習《ならひ》なるに、雨《あめ》を含《ふく》める孤村《こそん》の樹《き》、夕《ゆふべ》を送《おく》る遠寺《ゑんじ》の鐘《かね》、哀《あはれ》を催《もよほ》す時《とき》しもあれ、切目《きりめ》の王子《わうじ》に著《つ》き給《たま》ふ。其夜《そのよ》は叢祠《そうし》の露《つゆ》に、御袖《おんそで》を片敷《かたし》きて、通夜《よもすがら》祈《いの》り申《まを》させ給《たま》ひけるは、南無《なむ》帰命頂禮《きみやうちやうらい》三所權現《しよごんげん》、満山護法《まんざんごほふ》十萬《まん》の眷屬《けんぞく》、八萬《まん》の金剛童子《こんがうどうじ》、垂跡和光《すゐじやくくわくわう》の月《つき》、明《あきら》かに分段同居《ふんだんどうご》の闇《やみ》を照《てら》し、逆《ぎやく》臣《しん》忽《たちま》ちに亡《ほろ》びて、朝廷《てうてい》再《ふたゝ》び輝《かゞや》く事《こと》を得《え》せしめ給《たま》へ。傳《つた》へ承《うけたまは》る、兩所權現《りやうしよごんげん》は、是《これ》伊弉諾《いざなぎ》伊弉册《いざなみ》の應作《おうさ》也《なり》。我君其苗裔《わがきみそのべうえい》として、今朝日《いまてうじつ》忽《たちま》ちに浮雲《ふうん》の爲《ため》に隠《かく》されて冥《みやう》闇《あん》たり。豈傷《あにいた》まざらん哉《や》。玄鑒《げんかん》空《むな》しきに似《に》たり。神《かみ》若《も》し神《かみ》たらば、君盡《きみなん》ぞ君《きみ》たらざらんと、五體《たい》を地《ち》に投《な》げて、一心《しん》に誠《まこと》を致《いた》してぞ祈《いの》り申《まを》させ給《たま》ひける。丹誠無《たんぜいむ》二の御勤《おんつとめ》、感應《かんおう》などか有《あ》らざらんと、神慮《しんりよ》も暗《あん》に計《はか》られたり。終夜《よもすがら》の禮拜《らいはい》に、御窮《おんきう》屈《くつ》有《あ》りければ、御肱《おんひぢ》を曲《ま》げて枕《まくら》として、暫《しばら》く御目睡《おんまどろ》み有《あ》りける御夢《おんゆめ》に、鬢結《びんづらゆ》ひたる童子《どうじ》一人《ひとり》來《き》て、熊野《くまの》三山《ざん》の間《あひだ》は、猶《なほ》も人《ひと》の心不和《こゝろふくわ》にして、大義《たいぎ》成《な》り難《がた》し。是《これ》より十津河《つがは》の方《はう》へ御渡《おんわた》り候《さふらふ》て、時《とき》の至《いた》らんを御待《おんま》ち候《さふら》へかし。兩所權現《りやうしよごんげん》より、案内《あんない》者《しや》に附進《つけまゐ》らせられて候《さふら》へば、御道指南《おんみちしるべ》仕《つかまつ》るべく候《さふらふ》と申《まを》すと御覽《ごらん》ぜられ、御夢《おんゆめ》は卽《すなは》ち覺《さ》めにけり。是權現《これごんけん》の御告《おんつげ》也《なり》と、憑《たの》もしく思召《おぼしめ》されければ、未明《びめい》に御悦《おんよろこび》の奉幣《ほうへい》を捧《さゝ》げ、頓《やが》て十津河《つがは》を尋《たづ》ねてぞ、分《わ》け入《い》らせ給《たま》ひける。其道《そのみち》の程《ほど》三十餘里《より》が間《あひだ》には、絶《た》えて人里《ひとざと》も無《な》かりければ、或《あるひ》は高峰《たかね》の雲《くも》に枕《まくら》を敧《そばだ》て、苔《こけ》の筵《むしろ》に袖《そで》を敷《し》き、或《あるひ》は岩漏《いはも》る水《みづ》に渇《かつ》を忍《しの》びて、朽《く》ちたる橋《はし》に肝《きも》を消《け》す、山路《やまぢ》本《もと》より雨《あめ》無《な》うして、空翠常《くうすゐつね》に衣《ころも》を濕《うるほ》す。向上《みあ》ぐれば萬仭《ばんじん》の青壁《せいへき》刀《つるぎ》に削《けづ》り、直下《みおろ》せば千丈《ちやう》の碧潭《へきたん》藍《あゐ》に染《そ》めり。數日《すうじつ》の間《あひだ》斯《かゝ》る嶮難《けんなん》を經《へ》させ給《たま》へば、御身《おんみ》も草臥《くたび》れはてゝ、流《なが》るゝ汗水《あせみづ》の如《ごと》し。御《おん》足《あし》は缺損《かけそん》じて、草鞋皆血《わらんぢみなち》に染《そ》まれり。御供《おんとも》の人々《ひと〴〵》も、其身《そのみ》鐵石《てつせき》に非《あら》ざれば、皆飢《みなうゑ》疲《つか》れて、はか〴〵敷《しく》も歩《あゆ》み得《え》ざりけれ共《ども》、御腰《おんこし》を押《お》し御手《おんて》を引《ひ》いて、路《みち》の程《ほど》十三日《にち》に、十津河《つがは》へぞ著《つか》せ給《たま》ひける。

「太平記」記載の熊野落、名調子の個所抜粋
（新釈日本文学業者書「太平記」より）

一　同月六日、大塔宮高巣城ニ御坐アルノ由以テ慈明寺蔵人弘高、三在三郎義則、同庄司広田阿弥源内実久等都合三百余騎ニテ高巣城ヘ押寄セテ合戦ス。加藤蔵人兄弟等防戦ス。寄手城中ヘ馳入放火ス。宮主従山ノ手廻リ忍ヤカニ紀伊路サシテ御落去トナリ、仍テ城中悉ク焼払フヨシ。

一　同月廿一日、大塔宮十津川辺ヘ御沈落ナリ。十津川住人戸野兵衛秀親ノ館ニ御移リ凡十六日ノ間ナリ。熊野三山別当定遍六波羅ノ下知ヲ受ケ十津川ヘ発向スヘキノ由ナリ。

一　同月廿一日、大塔宮十津川ヘ御沈落。戸野兵衛秀親ノ館ヘ十津川谷ノ住人玉置荘司権太夫成種軍勢ヲ引連レ戸野ノ館ヲ四方ヨリ責抜ク。戸野討死ナリ。大塔宮一方ヲ切開イテ高野山ヘ御落去アリ。野川弁天ノ別当馳走シ奉リテ御逗留ナリ。其間ニ郷民野武士等ノ集リテ野川山ヘ一城ヲ築キ楯篭リ玉フ。同十日野長瀬ノ藤兵衛定重、同七郎定頼七百余騎ニテ御味方ニ参リ加ハリテ、玉置荘司ノ館ヘ押寄セテ散々ニ責ル。

玉置打負テ熊野ヘ落ルナリ。玉置権現衆徒光願房宮方ニ加リテ玉置城ヘ御入、御逗留ノ間ニ臨ミ、宇護原内記左衛門、中津川甲斐入道、小原内膳允、真砂瀬三郎、山本四郎次郎忠行、伊東三郎行高、加藤次郎光直、越知備前二郎師家、巨勢兵部光資、吉野山衆徒馳加リ、熊野別当ヲ責テ勝利ヲ得ルナリ。

一　同十一月廿六日　七色并ハテナシ峠合戦宮方打負ケ玉イテ、小森城迄引退キ玉フトナリ。

一　同十二月、加名生ノ城ヲ城築キ、近郷随ヒ奉ル也。

四―㈣　地方文書に見る楠正儀の評価

山地　悠一郎

南北朝史のうちに、かなり必要な場面に出て来るが印象のはっきりしない武将が居る。楠正儀《まさのり》である。父に正成を持ち兄は正行が居る。生年没時不明とされ、一時、南朝を去って武家の元へ奔り、また南朝に復帰する。謎めいた人物である。

やたら武将の名を並べたりする「太平記」に正儀としての記載は非常に尠ない。和田・楠の勢云々、と名を書かず正儀を示す場合はある。「太平記」第三十一巻は、これは正平七年（一三五二）、後村上天皇山城八幡に入り京都回復間近と見えた時のことである。この折には正儀七条大宮に戦い義詮を近江に奔らせるが、しかし翌年義詮巻き返して宮方利あらず河内東条におちることになるのであるが曰く、

……八幡には此後攻（河内に居る和田・楠）を憑みて今や今やと待ち給ひける処に、是を我が大事と思い入れて引立ちける和田五郎俄に病出して幾程もなく死にけり。楠は父にも似ず兄にも替りて心少し延びたる者也ければ、今日よ明日よと云う許りにて主上の大敵に囲まれて御座あるを如何はせんと心に懸けざりけるこそうたてけれ。

とあり、これが概ね正儀悪評の一つになっている。次に第三十四巻の中、畠山道誓上洛の事を受けて、

和田・楠軍評定の事がある。曰く、

……楠左馬頭正儀、和田和泉守正武二人、天野殿（後村上新帝）に参じて奏聞しけるは、畠山入道道誓、東八箇国の勢を率して二十万騎已に京都に著いて候なる……中略……但今の皇居は余りに浅間なる処にて候へば金剛山の奥、観心寺と申し候処へ御座を移し進せ候て正儀・正武等は和泉河内の勢を相伴ひ、千劔破金剛山に引籠り、龍山石川の辺に懸出々々日々夜々に相戦ひ、湯浅、恩地……紀井国守護代塩冶中務に附いて龍門山最初峰に陣を張らせ云々……。

と策を語って敵を千里の外に追散することを論じ、月卿雲客に至るまで皆憑もしく思われるのである。而して観心寺への行幸につなぐのであるが、しかしこれは少し違う。

「南山雲錦拾要」林海音（水月）撰による「越智利春南方物語」には要約次の如くある。

……朝敵逆賊原御味方ノ不意ヲ劫シ、討奉ト欲シテ、此秋頃当手へ発向セント欲ス。正儀態ト負軍ヲナシテ、一段泉・紀ノ方へ退クヘシ。其謀ニテ住吉・天王寺・渡辺辺ノ辺ニ出張シテ、君ヲ天野ヨリ観心寺へ遷幸ト見セ、実ハ紀州日□ノ行宮ニ入セ玉ワハ、君観心寺御坐アルト心得云々。

と智策を補して奏聞せられたが寛成親王（後の長慶天皇）これを拒みて正儀を深く譖して彼の議を一没し、かくて観心寺行幸となった。而して曰く、

是正儀ノ不運ニシテ、寛成親王ト不和ノ始ナリケル。

と。斯くて官軍敗して主上供奉して十津川の方に落ちるが、「正儀ノ奏ノ如ク主上用ヒ玉ワハ、北軍ヲ皆討取リ、其隙ニ乗シ、討テ登ン事正儀ノ心中ニアリケルニ、物ヲ玉川宮（寛成新王）ノ御サヽヘニ依リ、

味方敗軍スル事残念云々。」と如何にも残念そうである。

長慶帝が攻戦型で正儀和平型の伝もこのあたりからきたものであろう。成程、正儀南朝を去る正平二十四年（一三六九）から弘和二年（一三八二）までは概ね長慶天皇の在位と一致する。これもまた長慶の武断型が正儀の好むところでないと史書は説明するが、更にその奥に介在するものが何であるかを知らねばならぬ。

「桜雲記」には「正平廿四年正月、楠正儀武家へ可㆓降参㆒ト告ル。同四月、正儀入洛シ謁㆓義満㆒云々。」と簡略極めるが、「興福寺官務録牒記」によれば、

正平十九年七月三日、細川頼之並興福寺西金堂司民部公順等並天王寺東之坊等密ニ河州千早城ニ入来シテ、楠正儀ヲ北朝ニ参候スヘキノ由、綸旨・御教書正儀堅ク辞シテ暫時延引被㆓下置㆒。後日ニ勅答申ヘキトテ、使者ヲ藤井寺ニテ饗セリ。

とて既に正平十九年（一三六四）より北朝より誘いの手が伸びているのであり、その武略がかわれていることが知れる。また引続き正平二十三年（一三六八）二月にも天龍寺僧三人をして復《また》河内に遣し楠正儀の将軍の御味方に来るべきの儀を言うが、これは彼が子正勝、正元等父を疑いて密に皇居に奏することとなり、正儀と甚だ以って（仲の）悪い玉川宮寛成親王の耳に入り讒し給うが天皇は用い給わなかった。これらの経緯から正儀が密かに心替りした根元はここにあるらしい、と「官務録牒記」は述べている。更に続けて次の如くある。

（幾度誘っても）正儀降参せざるを怒った新将軍義満は山名氏清を以って千早城に赴かすも埒明かず細

川頼之を大将として千早・赤坂に押寄せる。この時、正儀態と打負け城を開き、大和宇智郡高巣城に到るに後藤主殿介基盛・越智紀伊守家弘等城門を閉じて入れず。仍て宇野城に到れど入れずして栄山寺に到る……。

そうしているうちに天皇崩御、正平二十四年二月、

吉野殿（寛成玉川宮）楠正儀ヲ討テ、其所ニ在テ群士ニ命シテ攻サセ玉フトイエトモ、正儀堅クシテ利ヲ得スト云。

いよいよ寛成玉川宮皇位を目の前とし正儀の追落しにかかったわけである。

同廿四年楠正儀、同正勝、正元ト不和シテ何事モ調儀セス公卿心ヲ悩シ玉フ。

ともある。

誘いは来るし、内部では除け者にされる正儀の立場も解すべきであろう。

「北畠家記録」には次の如く曰う。

建徳三《ママ》（元ヵ）年、北方応安三年十一月、玉川仙洞ノ御下知トソ、楠正儀ノ千早城ヲ攻ル和田正武・楠正勝・正元等、官軍ヲ率シテ正儀ヲ攻テ千早城落去セリ。夫ニヨリテ正儀、玉川宮ニ悪マレ、所栓南方ニアリテ大義ヲ立ル事アタハスト思惟シテ、北方ニ服従シテ時節ヲ待トイヘトモ、其時ヲ不レ得不幸ニシテ退ク事怠ナレト云。

とするが、まこと正儀の境地を知るに適語と云うべきであろう。

正儀在世約六十年、南朝四度目の京都奪還の兵を起すなど、その執念は単に一時的な美話、挿話にはな

らぬにしても、起伏あまねく南北朝争乱の中に隠然として自己を主張した人物正儀は世に顕彰されることもなくこんにちに到るのである。

正儀の最後は「大和《おおやまと》社記」に曰く、

元中二年八月、楠正儀在二紀伊ノ三ツ谷ノ城一、揚二義兵一戦二山名義理一味方九百騎戦死、集二残兵五百騎一盾二籠大和ノ貝吹城一為二南朝護衛一……義満怒返叛レ命畠山義清攻テ忽落去ス。正儀到二大和ノ十津川ノ奥山中野ヶ原村一逝去ス。元中三年四月十三日、行年七十三歳。

貝吹城に楯籠り、後亀山帝の南朝を護衛したわけである。行年七十三歳は正史では用いられることがない。

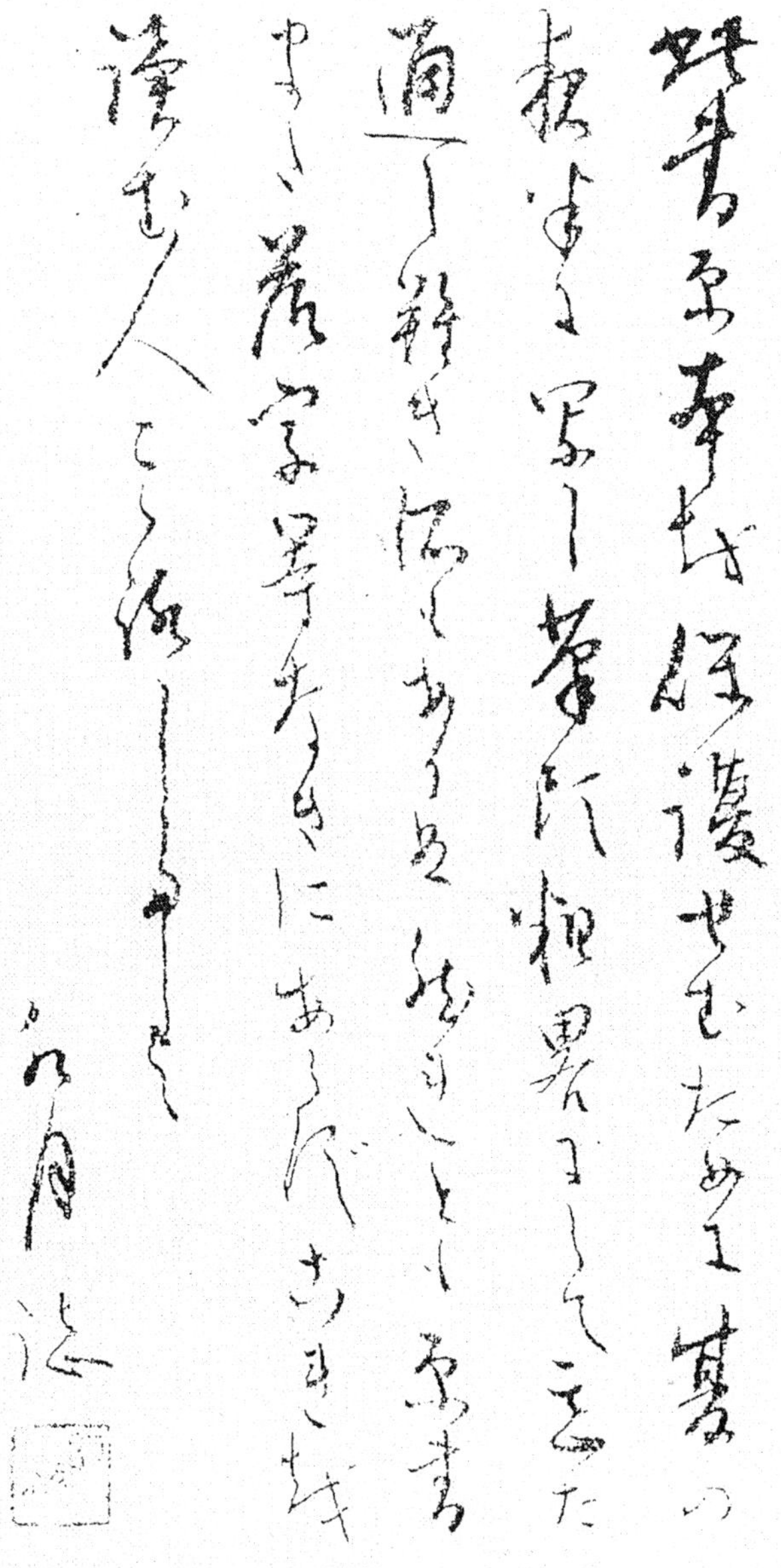

四―㈤　南山雲錦拾要（影印版）

南山雲錦拾要

南山皇統實史採諸名家秘録不錯詞玉筆
化其修集一巻為我家秘蔵堅不出門外禁
他見勿為猥一覧者可慎

一後醍醐天皇内々依思召為立之事依露顕元弘
元年辛未八月廿四日密ニ其夜内裏ヲ出サセ玉イテ同廿
五日南都東大寺東南院エ行幸則聖任法親王
以皇居東南院門
則天皇第十六皇子ナリ

一同廿七日午ノ刻南都ヨリ和泉（束）鷲峯山寺ニ行幸ナル則
食堂ヲ以テ皇居トナス翌日卯ノ刻大塔宮ハ鷲峯山寺
ニ行幸ナル東大院門主供奉セラルル之是ハ南寺ノ別当タ
ルノ間一院御室門ナリ

一廿九日 鷲峯山寺ヨリ笠置寺エ臨幸ナル此戦於行

師召サレテ軍議ヲナサル 講堂ヲ皇居トナルナリ

一九月一日 河内エ教使立サセラル 万里小路中納言殿ヲ教

使ナリ 清営内ナシテ為市ノ地頭井原太郎ヲ使者ニナサ

レテ遣サルヽナリ

一九月二日 京六波羅笠置寺エ発向 京勢不利ニシテ

退ク

一同二日 国中ノ勢ヲ催サルヽナリ 時ニ馳来リ高名之人ヽ覚ノ

着到

木津判官大夫　　菅井源左衛門

朝日三郎兵衛　　駒　孫太郎

延命寺左馬介　　高橋太郎左衛門

治郎作

大山五郎兵衛
井手　中務
市野辺　判官
糟塚　主司
叢林　四郎
秋野与三郎入道浄心
富野大学介
大河原三鉄斎
桂　官右衛門
中坊　伊豫守
小大膳　浮心
北原　内匠介

吉川　主司
多賀　荘司
東野　右衛門
大道寺　兵庫介
大庭　将監
米屋　周防守
二瓶　蔵人
森山　大炊介
村上　斎宮
粟栖　浅之助
小森　四郎兵衛
堀　東吉郎

梅九郎右衛門
善覚寺惣中
光善玄蕃
樫原山城入道
吉田備中守
岩竃掃部介
葉崔安房守
中村七郎
吉田荘司次郎
瀧村深左衛門
岩井平兵衛
後室尾張一流

右小路三郎
葉内一族
楠木右近介
南條一族
岩竃吉郎
津越式部
七田岡吉介
堀長三郎
森田七郎入道
出師孫四郎
後室下司

并大和家

柳生兵庫介　源川厚正
田山一族　笹川兵情
福住備中入道　福住一族
古高名手柄ノ分ナリ

一日二日武家ノ使者南都ヘ下向ス
主上笠置ニ遷幸之時柳生間道請候ノ房鋸云々嵩圓ノ弟
大和伊賀ノ武士悉ク召シ寄セラレシナリ

一日三日楠正成笠置ニ参向シ早速ニ皇居ニ召シ寄セ
ラレシ軍儀アル之正成ニ大将ヲ宣旨ヲ下シ笠置甲冑四日帰宅ス

一日六日笠置寺ノ西口ニ武家大将柳生寄ル東大寺ノ西堂
顕宝得業ノ若武者案内者トシテ三ノ木戸迄討破ル之
則大今戦ナリ

一同七日當國衆武家ノ陣ヘ夜討シ寺衆討死三十六
云々ナリ高名ノ連名ハ別記ニ有リ
一此日當寺ノ櫻陵ヲ二ノ木戸ノ柱ニ懸ケテ早陵ヨリクナリ
衆徒ノ中三人手負ス
一同八日笠置寺ノ南口ヘ向テ軍勢大柳生迄ニテ討返
其早メ此時敵ノ武具以下大略捨早メ
一同九日巳ノ刻當寺南口ヘ向ベキノ陣トシテ興福寺ノ衆徒
并椿井宿勢筒井宿勢ノ寺家ノ坊人ノ衆壹司ノ南
ニ殊ニ寺家ノ陣坊宿忍辱山辺ヘ下向ス
教宣長宣ヲ彼ヲ
一同十日當寺ノ公人ハ仕丁手勢ヲ以テ千騎ニテ粟栖ノ
森迄討出テ桐山衆ト戦ヒテ悉ク河中ニ投込シ其身

社ヲ散リ々ニシテ引退キ両月ナリヤ思テン當寺エ帰リ
不来ニシテ思ヒテ大和山中エ引退ナリ
一同十二日大宝院方ノ武志大柳生并坂原ノ辻堂迄
下向ノモノ之
一同日笠置寺ノ西口エ向イテ武士九余人共討早
旅ヲ散山ハモノ不知数云々
一同十二日笠置山ノ結小屋并清滝院村々ノ織所ノ
本陣ヲ召寄テ以錦御旗ヲ下テナシテ山上山下ニ建置ル是ハ大勢
篭リ居ル様ノ構ヲ見サンガ為メナリ
但シ皇居ニハ錦ノ御旗拾弐本并楠ノ旗二本建置
ルナリ
一右錦御旗ノ麻布ヲ召寄ル奉行ヲバ木津伊豫守ニ

被勅使ノ後　叡感ノ上伴遠守菅義ニ法衣一重龍ノ
丸袖衣ヲ下シ賜エリ
一同日楠正成河内国中勢ヲ催シテ赤坂ノ城ニ楯籠ル由ヲ
同十日河内国ヨリノ早馬六波羅エ注進セリ六波羅ノ兵殿
殊ノ外ニ驚キ上下ノ色ヲ失フナリ
一同十二日武士悉ク撥キ退ク之大略ハ帰洛サセ下山陣退ニ在
陣セリ此刻追討雁兄宗神童寺峠追ニ手柄アルナリ
同日神童寺ノ伽藍悉ク兵火セリ
一同十日當時ノ西ノ丸ニ陳着信成乾スニ主上ハ本堂ノ上ノ山ニ
御座アル様聞ヘテ宮山ニ西室院ヲ皇居トス
一同十三日六波羅南居ヨリ諸ニクヲ早打ニ巻シ笠置寺
手之軍勢ヲ催促セラルニ之成日陣方山本三郎兵ノ清中庵

三郎九郎上将米倉ノ一族ホ下山城平尾ニ陣ヲ取ル処ヘ夜
討南徒ノ内ニモ東ノ坊金剛院不動院宝蔵院ホ手柄
ヨキコトナリ
一同十四日諸国ヘ凶徒退治ノ宣下セラルヽナリ
一同十五日皇居ニ於テ紅葉ノ和歌会アリ其後雅楽
一同十六日和州勢三百余人般若寺ヨリ加茂川原着到
一同十七日河内ヨリ楠正成ノ使トシテ和田孫三郎ト云者ヲ以テ赤坂
城ヘ取立并枝城六ケ所ヲ築キ其中ノ兵粮ホヲ込入其上
藤井寺小山ホノ出張所追々出来ナリ急河内諸侍中ヘ
赤坂ヘ助力イタス可シ　使番者ニモ委細ニ精忠ヲ励
シ朝敵ヲ亡ス歳シ而申所使者演説ス依公卿ニ方途
議アリテ則使者ヘ使番者ヲ差ソヘ被下ナリ

其文ニ曰ク
北条一家逆賊為追討楠正成ニ被仰付候依河内
摂津和泉紀伊ノ諸武士者早速馳参ニ成ノ下テニ抽
忠戦者
更ニ可被賞者ノ如件
元弘元年九月十八日　右馬ノ頭藤原在判
奉
四ケ国諸侍并地下人中
一同十八日東国大勢上洛セリ　主上安居テ窗ニ潜ル
築セリ
一同十九日近江伊賀勢来着武官千人余リ同日如意嶽箱
原和泉来笠置大河原ニ幕テ命ジテ兵粮運送ス
一同廿日東国勢雲霞ノ如ク笠置道ニ押寄ハノ旨海住

寺衆徒ヨリ差上ヤリ

一日市町諸方ハ并廻シ軍勢着到木戸堅固ニ建之

一日市方東使ニ階道出羽ノ首道温并秋田城ノ介等西

大寺僧三人ヨリ使節トシテ武家ヨリ差遣ニ来リテ申シ日人

勢ヲ門前ニ率セラレ陣篭居ニ候何事ゾヤ法石相乗リ度コク

候ヘ共土人数ヲ引退テシ京都ヘ還幸アラセラレトテ御所存

旨ヲ承リ而申ノ由ヲ申入年

毛頭承之ナリ

一建武ノ東使再ビ当寺ニ使節トシテ申入レハ得手勝手ノ大ハ

一夜書東国勢南都ヘ発行シ日吉方ヘ大御《柳》生坂本辺ヘ

陣云ハ武家ハ十柳《柳》生村口エツカワシ日吉方申ノ刻ヨリ楢原

断山ノ陣家久年小柳生ノ合陣坂口ニテ合戦ス味方田山

一族并奥宗九郎等討死ス
一同九月日密ニ皇居ヲ有市東明寺ヘ移サセ給フ武家共
警固ニ奉ル事寄手敵テ是ヲ不知ヨシナリ
一同九月廿七日大合戦ノ事味方ヨリ打掛ル所ノ大石大木ニ討
レテ死ス者其数不知ナリ山城宿ニ於六人四拾九人ノ侍トモ
先陣武秀ヲ願スナリ
一同十月子ノ刻陶山藤三（義高ト云）小見山次郎五十余人ニテ花房村ニ
陣ス江《ミカ》ガ村ノ者ヲ案内トシテ高寺ノ裏手鏡岩ノ尾端（嵩）ヨリ
登リ夜討ス坊伽藍兵火其中ニ相残ルモノハ千手堂六角
堂大湯屋計残ルナリ坊舎過半ハ破却ス山下在家悉ク焼
失ス
一同夜丑半刻笠置城落去上エルヲ有市皇居ヨリ叡（叡）

覧アリテ主上密ニ出サセ玉ヒテ鷲峯ノ海住山寺ハ岩屋来リ玉
圍ミモ敵陣近キ所ナレバトテ夫ヨリ出山嶽ノ山続キ和束ノ山中
ニ落行玉ヒテ芝生ノ上ニ御座ヲ設ケ玉イテ一首ノ御製有
リト云々

一同代ノ下山城住人松井判官下津屋一族ハヨリ集テ来リテ
井手ノ奥ノ山中ニテ　主上ヲ生捕リ奉ルナリ

一同十二月十日ヨリ廿一日迄当寺衆徒追テ帰山致シ地士ト
申合坊舎ヲ修理ヤリ其ヲ頭西室院権僧正教算ヲ備中
国ヘ配流ナリ弐ケ年経テ赦免セラレシ年

然分二ケ年ノ雑記録ナシ

元弘三年ヨリ諸ノ記録ヲ奥ニ出ス

右笠置寺所蔵法花経裏ニ出誌ス

一元弘元年九月廿七日　天皇笠置御沒落後八日
海住山寺ノ奥院薬師堂ト云山寺ニ潜忍ヒ玉フト雖モ
鷹宗住人山田采崖村和田ノ左兵衛進テ六波羅殿方
味方ト加リ　天皇ヲ襲奉ルニヨリテ海住山寺ノ衍原坊案
内者トシテ同廿九日薬師堂ノ裏山嶽ヲ越ヘ出サセ玉ヒテワルベ
坂ト云九折ノ難所ヲシノガセ玉イテ和束ノ白石谷ニツ石ト云山
中ニ分入リ玉ヒ宇治田原ヨリ山門ルト心サシ玉フトイヘモ
供御ヲ進ズルナリ者ニ悩ミロヅライ玉ヘテ笠置ニテ御庵ヲ
設ケ玉フ供奉ニハ藤房忠顕武士二毎人斗リ御供ナリ
御武士共ノ腰兵粮ヲ以テ
天皇ニ奉リ御命ヲ継キ奉ルアワレナルモノトモ其後行
藤房讃ラレシコトナリ

一　同ク松井判官下津屋三郎尋来リテ生捕リ奉ルナリ
津附ノ武士共散々テ戦フテ討死スルナリ
一　同ク其辺ノ武士共光明山寺ニ集会シテ天皇ヲ迎ヘ
奉リ同寺ノ釈迦堂ヲ行在所トシテ供御ヲ奉リ夫ヨリ
アヤシキ張輿ニ居サセテ若干軍兵ドモ警固シ山城ノ梨間
ノ宿ニ渡シ休息有リテ夫ヨリ宇治平等院ヘ入レ奉リ翌日
鳳輦ニ召カヘラレ行幸ノ儀ニ准メ武士共キビシク警固シ
六波羅ニ御入之ト云々
右良忍法師ノ記ノ内ニ書見之
良忍坊トハ何ノ人カ不詳く
官務帳抜書
一　元弘元年九月廿七日城刕笠置寺ノ城落ト云々

日前於右大塔宮護良親王南都般若寺ニ御忍ヒ玉フ
由ニ其聞アリテ一乗院門主ノ使人按察使法眼好専ニ
五百騎ニテ彼ノ寺内ヘ発向シ尋サガシ奉レドモ宮御座不知
玉ハ仍テ軍空シク立帰ルナリト其ノ道ニテ同寺衆徒ト争
論ニ及モ大鳥居ノ例ニテ大合戦ナリ使人打負ケテ引退ク
依テ衆徒彼者所持ノ路次トモ宿所ニ押寄セ放火ス好
専ハ白毫寺ニ入リテ自害スルトナリ
一同十月二日大塔宮南都東南院ニ忍給フ由風聞ス
鎌倉ヨリ探奉ントスル由ニテ甲兵向ワセ玉ヘシ
官吏ヨリ東大寺衆徒樺山領院龍蔵院並油蔵院
縁坊山内ノ随身兵衛実淋坊其尊蒸和律師則祐
以下ヲ召連ラレ内山永久寺ニ御入或ハ滝谷寺ニ御一

宿夫分此山寿昭院ヘ使入アリテ山門末院ナレハトテ
多武峯ヘ御入アリテ宿徒ヲ召寄ラレ南国宇智
郡守護使入アリ同郡加名生郎光直ノ居墟ナル
高ノ草ケ峰ヘ使入菴地ト云フ
和谷大字守手栖アルナリ
一同月六日吉野座高草峰ヘ御出アルノ由依テ慈明寺
蔵人弘高三左三郎義則同社司廣田阿弥陀内実
久方郡令三百余騎ニテ高草ノ峰ヘ押寄セテ合戦ス
加名蔵人足身方防戦ス宥手峰中ニ馳入設史ス由
星従山ノ手廻リ忍ヤカニ　紀伊路サシテ御落去トナリ依テ
峰中寺ヲ焼拂フコト
一同月廿日大塔宮十津川ヲ遁ヘ遣院落ナリ十津川

但人戸那兵庫秀親ノ館ニ御移リ九十六万ノ石ナリ雖然
三山ヲ当室遍六陵廷ノ下知ヲ受ケ十津川ヘ発向スヘキノ由
ナリ

十四

一同月廿七日大塔宮十津川ニ佐陀居戸那兵庫秀親ノ
館ニ十津川宮ノ但人玉置莊司権大夫城種軍勢ヲ
引連テ戸那ノ館ヲ四方ヨリ責抜ク戸那討死ナリ
大塔宮一方ヨリ切抜イテ高野山ニ御落去アリ那川弁
下ノ兵当那直ニ奉リテ御逗留ナリ其間ニ伊賀那武士
出ノ集リテ那川山ニ一揆ヲ以催キ楯籠リ玉フ同廿日那也
衆ノ應ニ博宮之童目七百宮頼七百余騎ニテ御味方ニ
兵ノ加ハリテ玉置莊司ノ館ヘ押寄セテ殺シテ責メル玉置
莊頁ヘケ雖然那ヘ落ルナリ玉置権現衆徒光願房宮方ニ

加リテ玉置様ヘ使入道ヲ遣ス面ノ厚ク頼テ守護原内記左
衛門中津川甲斐入道小原内膳先真砂ノ瀬三郎山本
四郎次郎忠行伊東三郎行高加藤三郎光直越
知備前次郎師教臣野兵部光資来ル山ニ於テ一揆加リ
継地ヲ當ヲ責テ勝利ヲ得ルナリ
一同十月赤坂七包并ハテナシ峠合戦宮方打負ケ玉イテ
小森様追川退キ玉フトナリ
一同十二月加名生ノ様ヲ楽キ白追合随ヒ奉ル之
一同月河内出住人楠兵衛尉正成十九人同玉石川郡赤坂
様ノ指麾ク一族郎等数多并楠遠佐様去ル丈本陣三
郎安見志良門并渡辺五郎兵衛隅田常刀隅田甲斐
守小川恩智青右坂并寺田神山侍佐白本大

友枝持安田横山浅見上田岩脇吉田錦織上京
天見兜住忠貴ハ尾吉市ノ輩諸武士馳加リ楠
麓ニ兵粮運山ニ赤坂并千早兩城ヘ取入ル并天
妙山観心寺ホノ衆徒ホ追ニ馳加ルナリ
元弘元年ナリ十二月
一 同月宮并寄ノ手不残赤坂ノ城ニ向フナリ死ニ攻寄ル上任
正成里国ニテ奇謀ヲ以テ寄ノ手諸軍ナ脳ニ掛ケ崩ス
ノ方ニナリ惣敗軍ナリ
一 元弘弐壬申年五月　天皇并宮方共流セシ
玉フ天皇ハ隠岐国ヘ遷幸三種神器ヲ第ニ玉テ千
種少将并三位房六波羅ヨリ免許ニテ御付随ヒ奉
ルナリ

一日七月六波羅勢赤坂ヘ発向シテ敗軍ノ衆ヲ正成
天王寺ノ表ヘ発向メ合戦ナリ京方悉敗軍ニテ三ア一ト
出テ京ヘ逃帰ルノ由ナリ
一八月十三日寄テ勢ノ千赤坂合戦始ルナリ城ニ吉田智様
持甲斐荘三人手柄多シ
一正慶ト改元日月楠正成密ニ千早破ノ城ヲ築キ立
日平七郎正季ヲ居置ナリ
一日弐年二月関東勢上洛六波羅着到楠ノ風安ヲ
傳聞テ皆々進ム者ナシトナリ
一日十月京関東両勢一手トナリテ河内赤坂城責ル英雲
田城落去支分下赤坂城ニケ所落城ス赤坂城ニテ
ハ楠部軍三テ寄手一万六七千人ヲ討取ル楠方ニモ七十三人
討死シアルナリ寄手赤坂ノ城ヨリ急テ責掛ル正成並ニ一

方ト云所ニテ年貢山ノ上ニテ取切
宗徒一味シ又テ西成寺衆ヲ囲イテ落々事ヲ掛ケ悩ニ多討
故ナリ
一同年二月大塔宮吉野山ヘ遷移リ玉ヒ一味ニ楯籠リ
玉フ十津川宗吉野十八郷ノ諸武士味方ナリ
一同廿日六波羅ノ軍勢ヲ分テ二階堂出羽入道六万余騎
ニテ吉野陣ヲ責玉テ打破リ畢 村上義清宮ノ身
代リトナリテ討死セリ 此時金峯山寺伽藍坊舎悉ク
焚失セリ 同二月十八日ナリ
一同年閏二月廿日大塔宮ノ使令旨南都ヘ到来ス
令旨ヲ略ス

北條一族ノ党誅伐ノ事、所被成下綸命早馳
参御味方致軍忠係、殊江神明之向指詳可抽
忠也二ゝ　忠節者依
二品親王令旨以状悉之

元弘三年閏二月廿日

法印良忠　在判

真福寺当勢房

一閏二月大塔宮吉野城逃開キアリテ十津川迄
退キナリ　村上ヲ始メ宗徒諸武士トモ三百廿人討死
ナリ

一同月廿日経余二時頃南軍共同氏ノ石川ニ至
富田林喜志辺ノ山岸田古市道明寺藤井寺
辺ノ陣所ヲ置キ張リ千早城ヲ責ムルニ急ニシテ
大石大木熱湯ニ身ヲ被ラレ而シテ討死人数
千二千ニ及ヘリト云
一同廿三日千早城責寄ノ手敗軍
一同廿四日敗軍同断
一同廿六日右同断
一同廿八日諸武士熱湯ヲ被ケラレ死スル者二千三百
七十九人ト帳ニ記スト云
一同廿九日下赤坂ノ寄手三百人程討死
一同年三月二日寄手凡万余騎ニテ千早城ヘ責登ル

和田奇策ヲ以テ敵ヲ破ルナリ

一同月五日楠正成上赤坂ノ寄手ヲ夜討ニシテ八百人
討捕ルナリ

一同月十日寄手陣中ヘ鎌倉使到来寄手大将
逗留陣ヲ張テ居ミ益ナリ早ク合戦ヲイタシ責破
ルヘシト云々

諸陣申牒テ惣責ニ致可トテ評議ス

一同十二日京ヨリ大工ノ職人ヲ召下シテ近辺ノ工匠
ヲ会セテ城中ヘ懸橋ヲ造ルヘシト云々早速懸橋成就
シテ此方ノ山崖ヨリ城岸ヘ懸始ヲ以橋ヲ懸テ渡ニ諸
軍勢勇ミ今ヤ〳〵ト捕ルヘシト橋ノ上ヲ一面ニ渡リ近ム
所ニ城大将楠正成兼テ此事ヲ計知リテ長柄ノ

杓ニテ油ヲ揚上テ濡キ掛ケテ薪葉ニ火ヲ付ケ油ノ流レシカケタル上ヘ投落シタルニ火炎橋板ヘモヘ付テ火勢進ムヿヲ得ス跡ヨリハ大勢追来ル故ニ先陣トウロツク内ニテ橋中程ヨリ燃折レテ寄手忽チ谷ヘ落重リ死亡者七千六百人余負者一万三千人計馬モ人モ谷ニ陥テ落重リシヲ城中ヨリ見知シテ大石大木ヲ投落シタルニ又寄手ノ追ロクヿ得ス惣殿軍トナリテ退ク所ヲ楠大門ヲ開キテ討テ出掛散シケレテヨリ寄手ハ討ルヽ者共数ヲ不知トナリ誠ニ奇代ノ珍事ナリト云

金剛山衆徒寶寛房申牒状写

一金剛山ノ内西峯ノ字桜ケ尾山岸ヨリ千早城崖ノ

掛橋長サ六拾七間谷ノ深サ弐丁余橋焼落埋
谷云々
一日十日橋戸囲法華寺ヨリ早打当寺ノ麓所ニ
到来ニテ申ケ同日同国住人森松沢江久左衛門ニ大
将宮ノ会所ヨリ受ケ西海道ヨリ早宮甚風ニ在
帳ニ指籠リ来レ久保棟ニ出張スト海岸住人如何
海仰左衛門思ノ所討死スルノ間森松加左晴ニ至テ
真田兵庫ヲ伐落シテ日玉勢揃ニテ摩耶山ノ
内ニ苫縄山下申処ニ一揆ヲ築キ楯籠リ甚勢盛
ナリト云々
一閏[illegible]秀[illegible]国
一此間京鎌倉中ニ不思議甚多シト

一同三月大将軍家ヨリ執ニ付キセラレ候（…）
アルニ住テ宮ノ御母衣并調度裁ニ三輪社ヘ奉納ス
玉ソナリ
一同月大将軍家当国ノ智郡高草様ヲ取立テ植
ル苞リ玉ヒ并星吹ノ様ヲ望ミ出陵トナシ玉フ其ノ始
七千余株ニテ植ル苞玉フナリ此ノ様ヨリ早株く
山陵キニシテ便利ヨキカ故ナリ
一四国伊豫ノ住人土居通昌得能弥三郎富家ト
ナリ依テ四国一味スト云
一三月七日大将軍宮ヨリ当寺安堵一職所一合宛ヲ
被下置ル
其文詞曰ク

爲朝献進四詩於当国勇草并見呪之両

律詩揚再御旗早早馳名野地於識数

軍忠者恩賞可宥申沙汰者大将宮

御気色如此仍執達如件

元弘三年十二月十二日

沙弥円海　在判

沙弥静心　在判

興福寺

安藝政所御房

一　三月十二日　椿井侍従懐樹　筒井民部卿頼

余勢見吹陣テ無為義
一 同三月十二日ヨリ諸所合戦止ムナシ
一 同月 天皇隠岐国ヨリ遷幸伯耆国
名波又太郎長年奉一味則同国船上山ニ旗
揚サセ玉フ同廿九日隠岐判官是ヲ責ルモ利ナクシテ
忽チ勢ノ屋又々ヨリ諸国武士追テ馳集ニテ大軍
トナリ玉フ由仍当寺ヨリ尊海房ト云而余騎ヲ
附テ馳集元ナリ
一 三月十二日ヨリ赤軍諸勢上路 日蓮別記
一 足利治部大輔高氏上洛諸勢弐千五百余騎ナリ
一 四月朔日当国篠山ニ一陣ヲ陣ナシ成統ニ越

智積院之悪師號寃罪トナリテ指置ル所地南

仁寺田以来葛尾木加陽ス

一　同月六日千早陣営ノ再背挑ミテ責ル正成弄

衆ヲ廻リ勝ツ書條五郎感状書之トナリ

金剛山一戦得味方勝利剥奪捕旗馬

印之度第代末受手柄也依廷如件

五月

正成　在判

書條五郎殿

一　同日廿日千種頭中将忠顕朝臣以法印

良忠等ノ官軍ト両六波羅ノ責落セ救援令

両

單ノ無庶始ニレナリ

一　北條越後守仲時并時益ヲ始メ　天皇ヲ供奉

シテ江州沈落スルナリ

一　九月江州坂田郡番場ノ蓮華寺在室ル時ニ守良

親王官軍ヲ随ヘ来リ防戦シ玉フ六波羅方利ナク

シテ皆悉自害セリ然ニテ北條一家滅亡ストモ云

一　同月八日上野国住人新田小太郎義貞大将

宮ノ令旨ヲ受テ義兵ヲ起シ鎌倉ニ攻入テ北

條高時ヲ始メ一族家門ノ逆賊滅亡セリ足利

義貞一生ノ大功也ト云

一　同六月東大寺東南院ノ下知トシテ両徒地侍等

貝吹高取城ヘ加勢セラルヘナリ

一六月廿七日　天皇内裏ヘ還幸前ハ東寺ヲ
以テ行在所トナルナリ内裏還幸ノ上諸将并諸武
者ヘ賞ヲ賜フ
一興福寺伽藍トシテ播广国印南郡地頭職ヲ
ハナシテ寺領ト被下ル
一官務職ハ再大和国官領職タルヘキノ旨御下サ
ルヽナリ
一同年六月十三日大塔宮京都ヘ還御成セ玉フ
当寺衆徒并公人地士近召具シテ御供シ上洛
スルナリ
一同年ノ七月廿四日八月十六日笠置寺造営シ
要注文可令奏ノ由被仰出シ者也

一 同八月廿九日ヨリ造営ノ事始ム

被
寄進
春日社神領
安藝國加茂郡三津庄
周防國佐波郡高神庄
山城國綴喜郡筒城庄
各一箇

右件所被寄ノ當社神領也早為社務沙汰
知行彼地為祈祷以前當物可全之神事佛事
用途ノ状仰執達如件

建武元年六月廿九日

蔵人頭右中将孝在判

興福寺別当御房

笠置寺蔵経裏書日記

一元弘三癸酉年二月十日夜徒党軍入寄シテ一三輪
ノ河原ニテ粉骨ノ太刀討アリ
一同年三月十七日笠置衆徒東大寺尊勝院ノ
代官共ヲ散々ニ打擲シ追立畢
一同十八日南大河原并有市ノ地頭カ館ヲ焼払ノ
一同廿日神戸四ケ郷并忍辱山ヲ責依テ地下人
モヲ出足シテ田山ヘ及発向シテ同東山ノ内ヲ相随ルモノナリ

一同廿三日南都ヘ発シ随向ニ罷在寺衆徒陣留
足向ヒ十三重ノ塔ノ門ヲ切破リ打入テ在々所々ヲ焼払ヒ
平当山衆徒九人討死又左方六人右方ニ三人比類
ナキ働アリ

一同年六月四日罷在寺衆徒南都ヘ上ル

一同年六月十三日大将軍京都ヘ還幸

一同年六月十三日大将軍京都ヘ還御成ヤ玉フ当寺
衆徒并公人地士迄召具シテ御供ニテ上洛スルナリ

一同年七月九日同月十六日罷還寺造営ニ支
注文可差出之由被仰出シ者ナリ

一同年八月十九日より造営ノ支始ム

別記曰建武元年二月十三日当寺衆徒南朝ヘ

衆一味セシメ仍テ賊徒ヲ追討没ヲトサル
貞治六年二月ヨリ当寺伽藍造立被仰出トテ公
儀御奉行ハ細川右馬頭在下向又寺
領トシテ当山下并和泉福智下ノ荘中ノ川大悲
山下筒川ヨリ寄進セラルヽ年
法隆寺観音院順仙房記ニ曰
一文和三年六月十七日征夷大将軍親王護良
公上洛則当寺ニ入御ス一宿御軍勢寺内門外
厳重守護セリ
中院中将定平四條少将隆資ノ両公伽藍
入堂供奉ナリ
其勢都合弐拾万余騎大和之先陣供奉

寺料入用田江二千余路ニテ仕来ル其外者

由安藝前司公并由安藝頼盛公先陣供

奉其日南都興福寺炉浣素ニ入御ナリ而徒

奉訖条翌日御入洛ナリ云々

吉野山中浣素記日

建武元年正月大塔宮御難義ニ依テ吉野ニ而徒

中之黌壹ケ年在生

寄附　金峯山寺ニ而徒中

摂津国川辺郡大庭之荘

伊賀国阿拝郡藏坂ノ荘

伊勢国一志郡垂水之荘

右件荘依恩賞為学文料被宛行之処也

諸仏法興隆殊　一天泰平国家安全之
懇祈可抽丹誠者　将軍宮御気色所候
也、仍執達如件
建武元年六月廿九日
中納言藤原朝臣奉在判

官務假記曰
一元弘三年　天皇重祚
同六月十七日将軍宮二品親王信貴山ヨリ御上
洛
同十九日参内

一同月廿五日北條残黨当国ノ東山中ヨリ伊賀路ヘ忍ヒテ其黨ヲ結ヒ其辺ヲ掠領シテ人民ヲ悩スノ旨頻ニ訴フ依テ山辺郡住人長谷籠若守ヲ軍長并福住中務ニ弁家次山田八郎宗徳ニ命シテ八十三人討捕リ十八人生捕リ京都ニ擒出テ誅セラルヽナリ

一同月廿八日府岡新左衛門海老名源内ヲ情殺ク仍テ康隆幸田中村ニ隠レ賊ノ一族共ニ命シテ討シム首葛下郡葛田隅ニテ合戦アリ府岡海老名討死ス其餘ノ賊三拾七人擒捕ルナリ一方財宗一族与力ニ葛屋三郎元綱ト云者アリテ海老名ヲ討捕ルナリ

一同八月大塔宮足利直義追討ノ為厳法ヲ下
良忠ヲ以テ内ヘ御サル畢 又吏方大和国中吉野
十津川ヘモ同然リ
一同十月廿七日大風春日山神木折倒ス
一建武元年五月三日護良親王鎌倉ヘ配流
セラレ玉フ 則左兵衛督直義ニ預サセラレ
一同二年八月頃足利尊氏謀叛ス 自是諸国
争戦ノ衝トナル
一同年十月八日節度使新田左中将義貞ヘ関東
発向ス
同十一月廿五日矢矧合戦ヨリシテ手越河原ノ戦
賊軍勝利ナリ

一 同十二月十一日相州箱根足柄合戦官軍利ナクシテ
敗後スナリ是亦尊氏ノ運ノ開ク始ナリト云
一 同年冬諸国凶徒蜂起シテ合戦止ム時ナシ記スニイ
トマアラス
一 同年冬諸卿攻伐不利ナリ
一 同三年丙子二月十一日尊氏兄弟大軍ヲ引率
シテ大阪ニ其勢大万余騎ナリ
天皇山門行幸[illegible]円宗院ヲ以テ皇居トナスナリ
尊氏三井寺ニ陣シ義貞楠正成ト会議シテ
是ヲ攻テ勝利ヲ得タリ又尊氏京地ニアルヲ官
軍撃討チ尊氏丹波ヘ敗落ス尊氏二月二日
摂津ヘ落去ス 天皇還幸二月二日ナリ

一逆賊退散スルニヨリテ同月廿五日公卿群議改元有テ延元ト号シ玉フ

一延元元年新田義貞所労ニ依テ西国下向延引セリ同十六日快氣アリテ義貞大軍ヲ引率シテ西国ニ発向スルナリ

一同四月廿六日足利尊氏於太宰府ニアリテ筑紫ノ軍ニ打勝チ大軍ヲ引率シテ門出アリ

一同五月朔日安藝宮嶋ヘ着シ同七日着岸シテ備後鞆ノ浦ニテ己ニクミスル官軍ヲ左馬頭直義是ヲ攻テ勝利ヲ得タリ仍テ福山ノ要軍本四百騎戦死ス向山ノ残三ツ石菩提寺ノ宝坊棟ヲ捨テ上洛ストモ云

一 尊氏 持明院帝ノ院宣ヲ帯シテ上洛ス従是
官軍ト賊軍トノ戰トナル也
一 古市賊勢凡一千五百騎河内東地ノ美許門
圍メトシ發向
一 山田式部少輔宗德賊加山崎室庭寛國メ千
三百騎
先南部ニ勅宣ヤラルヽ許ナリ
一 同年五月廿五日攝津國兵庫ノ浦ニ於テ新
田義貞楠正成大破左馬ノ助等ノ賊軍ト定
利勢ト交戰シ義貞危難ヲ免レテ京ニ歸リ
退クノ処楠正成兄弟共ニ猶モ兵庫ヲ退カズシテ益
々賊勢ヲ防シ七度戰ヒ七度打勝ト雖モ十六

一正平三年戊子正月五日楠木
帯刀正行舎弟正時和田新五郎等始メ深河ノ北
側ノ在家ニ打入テ各々自殺セリ誠ニ希代ノ勇者
ナリト世人感賞セリ

一同月廿八日　天皇三種神器ヲ帯シテ再ヒ山門
行幸供奉惣勢六万余騎皇居ヲ守護ス
一同月廿七日持明院帝再京都還幸東寺ヲ
行在所ト成ルナリ
一六月十八日足利尊氏山門夜討スヘトリヘ比天明ニ
ナレハ返テ惣崩トナリテ敗軍セリト

一　此間京都新田足利両軍大合戦ニテ敵味
方共ニ戦死甚敷ここス

一　同月廿一日山門衆徒ヨリ南都ヘ牒状到来ス
大講堂ノ庭上ニテ大衆僉議ニテ東大寺ト申牒
ヤ軍勢催促ニ般若寺奈良坂ニ陣所ヲ構ヘ
此勢一万八千騎ニテ出張ニ若大衆連ハ六千
余騎ニテ木津河原ニ出張ス山徒士一揆ス庵階
山并梢山両陣ニ官勢衆梢篭ルナリ御所法ナキ
程ニ止之畢文

此刻木津并狛ノ在家焼払ス

一　同十月　天皇山門ヨリ還幸

一　同月　新田義貞春宮尊良親王奉シニテ

一　北國下向人

同十二月三條刑部大輔宗繁號義依テ
天皇吉野ニ臨幸　十二月廿二日ニ立
京ヲ出テ山城ノ相楽間崎ニテ夜明タリ其日ハ井手ノ
玉井ノ光明寺ニ密ニ隠忍ハセ玉イテ其夜ハ猶ノ
高幡寺ノ衆徒ノ内ニ宗繁ノ舎弟伊豫坐者尊
親ト云人ノ房ニ忍ハセ玉イテ中四ノ中ニ奈良ヲ通リ
玉ヒ内山永久寺ニ入御一宿ニ玉フ物語ニ干解ニテ
日本方ニ多ノ武者多ク其處ニ御止宿アリ則多宗
徒ノ良融房ヲ案内者トシ吉野下市ノ奥近御
入アリテ善峰ト云処ノ山寺ニ御中ニアリ是繁ヲ
以テ吉野ノ大衆ヲ催シ玉フテ衆徒ノ会議ニテ三百

人斗リ御迎ニ参向ス依例吉野山ニ皇居ヲ居
サセ玉ト此ヨリ號ナリ綸命セラレ楠正行和田次郎
山本三輪西阿恩智牲川貴志湯浅越智藤
原一族加茂宇野一流追テ十津川ノ池尾ニ
善佐ヨリ加名生ト云処ヘ臨幸シ奉リ十津川
谷一流池尾加リ吉野山ヘ行幸シ奉リ皇居ヲ
定玉フ

一天皇吉野ニ御座アルニヨリ綸命セラレテ池尾ニ
人々ニハ

大和記

狭山後河内直次　中村源左衛門氏

日高郡ノ古城主

赤垣ニアラサル乎
一郡ノ内ニ赤垣ト

赤垣安芸守清安頼
越智紀伊守利春
芳我内記綱
出雲新左衛門尉良成
龍田政所常盛
百瀬将監朝宜
楊井伊賀守政養
紀氏流
山本孫左衛門政重
鈴木民部先軍重
熊野　小荘司

柳生備前守宗重
庵院　寺田
常盤五右衛門伴光
矢鈎但馬守重基
麻風三郎左衛門常時
鷲尾四郎右衛門為信
守岡十郎左衛門秀盛
湯浅荘司五郎成政
葛代三郎　宗定三

老臣十八卿　三社一統
宇都宮左衛門一族　森田伊賀守入道良空
加茂茂平次定道　秋山三郎忠政
山伏流士十人　岸窪大隅守孝任
米山判官義快　朱雀大炊助国経
堀川卿宗直　本保伊豫守兼房
加茂隆通一統　杉下司派守業経
和田二郎中將富任　東ノ坊　隆識
金田部落戸守義繩
延命寺下野守[illegible]重
西ノ坊　仁紀明覚
[illegible]丹波守[illegible]道　細川大炊[illegible]

蒲生右衛門孝清

善覚寺但馬守孝盛

日男　義賢

州内判官行高

長田刀遂来源

永谷大学介弘高

日西宗亮

芥川弾正忠宗

久我主税之久盛

物集女阜人之長次

鞆呂大隅守長喜

安田大学介秀次

高木助右衛門孝友

長宮右馬介兼方

岩田主理力之進重

大西宮内介忠伴

長岩為内舎清光則

青地三郎秀盛

久世下総守仲保

神足織部介宗師

千條信濃守久忠

石見新右衛門宗国

修理大夫基平　同彦三郎基辰
田井六郎盛秋　松室上総介秀能
中路若狭守時　陸奥別甲斐守鏡旌
窪右郎秀清　奥右近将監辰良
世鏡右衛門忠備降　近藤兵部光思好
速水河内守興國　田原右京亮豊萬
藤林兵部藏任　豊嶋石見守昌充
其外在京武士并家人数不知
東大寺衆徒十六人　粟山寺　十二人
法隆寺　六人　興福寺衆徒廿二人
内山永久寺　四人　薬師寺　三人
布留社神人　廿人　金剛山寺　三人

多武峯廿四人　三輪社神人卅人

以上元

山辺多田下知ヲ以義実証状文如左

一 天皇従軍安住到吉野山皇居軍戦録

一 延元元丙子年十二月天皇吉野御臨幸之事
諸国武士来上警ヲ請

一 同二年吉野殿ヨリ諸国諸将勅書被下之則
在々ニ令会議於吉野郡十津川郷名生行宮御
造営之事同ヒ成就是自然便用意ナリ以赤松
判官則祐據源吉左衛門尉某ヲ為守護也

一 同三年十月北国使者到来吉野殿申牒曰
今月六日於越前金ヶ崎一族落去守将新田越後

中里見大炊介去敗北戦死

一宮親王御生害（尊良）　春宮親王　恒良

被擲楠御上洛之趣由注進之雖外様事なり

云々

天皇甚感動也

一日月河内千早城再築成就即日所承合

神社楠帯刀正行奉幣也城中八幡宮社

再興金剛山寺法蔵坊阿闍梨全徹大尊師

遷宮也

一千早城近辺放火十ケ所普請速成就所謂

十間所城砦

龍泉城　小分城　弘川城　平石城

上河内二ヶ所城　大呂塚城　烏帽子形城

川辺城　赤坂城二ヶ所　金台寺城

一大将左馬ノ尉正行弟二郎左馬ノ尉正儀同正勝

正元等河内和泉紀伊摂津ノ諸軍勢ホ一統

楠籠此城凡六千余騎其勢如列風云々

一今月十六日尊澄法親王妙法院宮於遠江国井伊ヶ谷

被揚御旗猶又同伊平地主山砦等構地石

城戦北軍云々

一南朝興国元年庚辰二月十五日陸奥国司北畠

中納言源顕家卿并同春日少将顕信朝臣打率
其勢六万余騎上洛矣、向奉抑云々

一 同月廿二日賜宣旨於北畠殿発向摂津合戦

一 同廿二日顕家卿泉州安部野戦死至随士等悉
被討畢

顕信朝臣新田右衛兵佐義興等発向城州八幡山楯
籠之処打負引退南方云々

一 同年閏七月二日官軍惣大将新田左中将源
義貞朝臣於越前黒丸城責之刻為流矢討死
天皇深在歎息。 正三位中納言
宣令使向比々穏寺云々

一 同年六月十六日北朝太上天皇崩

同年十二月廿四日尊氏除目任権大納言正二位年卅五

直義叙四品云々

一南朝延元二年八月十六日　天皇崩御五十一歳

奉諡　後醍醐天皇

一同十二月大塔宮護良親王御子在ﾃ吉野或ハ紀伊

之間為令旨賜ﾌ諸方ニ当家被賜御令旨ヲ

尊氏直義以下凶徒追討之事急馳参当所

可抽忠恩賞者依仰者

大塔宮令旨如此悉之以状

延元二年十二月廿六日　右馬頭　在判

山辺下野守殿

右令旨興福寺東大寺以下ノ諸寺大社諸武士ヘ

被下令旨文言同前也
一 同十月三日 南朝 新帝御受禅則伊勢ヘ奉
器仗 北畠准后大納言親房自帝器上洛ス 新帝献神
皇正統記土巻
同九月任 先帝之旧例官軍恩賞已下可随
差図之由被 宣下畢
一 同十二月六日 征東将軍宮 奉器并伊ヶ谷親王勢器
北畠一統并奥州国司等被 綸旨出陣退治之
義再被 宣下
一 同七月 北国仗器参之上重 新田義助以下出陣退治
綸命被御 被下畢
永 先帝遺詔尊氏直義以下誅罰退治之旨

不時有之物怱可出戦到当時可顕天下眉目之
誉、一身之光美勿論也早案武勇可得勝千里
之海外者
綸命如此仍執達如件
延元二年十二月十八日
権中納言藤原朝臣隆資　奉　左判
新田一族中
一日於白楠帯刀左衛門尉正行参内　十五才
重朝敵追罰之事不可怠慢之趣被仰下畢
以楠井先陽之懐政可当国当手浴之萬人関所
警衛被宣下畢
野史記録及出損不見文字甚可歎甚

延文二年十二月大塔宮若宮御会所宮寄方立入
被下置近江國金勝寺交沈并諸氏士ノ面々へ
觸出ス仍交沈ノ修行願伺高野壱岐守請出
庭洛寺坊西山行円坊御園寺吏坊孫三八寺地氏ア
三郎西脇修理之亮之孫土佐守芝原三郎酒井大
峯越勝部孝戸守峯部令年寄大子年余謂曰十
二日夜即厚年向則千早城加勢ナり以上田上大石
等諸士加勢ト云々

官務録牒紀曰

延元元年二月北朝大軍寄治

同三月廿四日加名生新皇居造立之切成就也

新帝遷幸月ニ雲客扈從和哥御會

興国三年記置ト云

一 吉年七月新田刑部卿義助号脇屋 比丘戰ニ勝利

從還册柔入吉野奉謁 天皇依 詔播磨

見吹城 和州

一 今年二月十七任官軍惣。度使云々

一 同十月義助於見吹在軍切

一 同三年義助帰吉野參衛

興国ノ正月

一 同年四月四国役吉野殿ヘ到来軍将一人可賜

下之旨由申云々新田ノ義助參々内

同四月十二日以義助任合戦四国下向入世城
大舘左馬介氏明以下来帰粗ト振威属争戦之
一同廿月十日新田脇屋刑部卿義助病卒 伊予国府
残兵土居得能、合田、二ノ宮、日吉、羽床、三木、多田、三
宅、高市、金谷等備後ノ鞆浦井原ノ中国ノ賊
党ト争戦テ再帰四国為世田城 大舘居所 八月
細川頼春世田城ヲ責九月三日大舘氏明戦死
一同興国四年 元年 八月廿朝 康永 北軍ノ将細川顕氏
来攻千早城先矢尾城而攻誉田城楠正行克京
軍不利陣 住吉正行 只四人以斎藤宗得勝利敵
軍悉没後辺川中溺死時氏欺ノ逃去之云々
一同正平二年九月北軍来攻故楠軍居之

一同三年春北畠中納言顕信六月三日自勢
州引率六百騎奔向舊鷲山ノ城再興捴定ト云
御顕信ハ在軍議定諸方分配呂旗本民部少輔正時
神宮寺太郎師綱楠正儀ノ依美紀伊守正経和田
新三郎正武等各奔向以安満藤右ノ遁乃顧向
紀伊土丸城ト云
一南朝正平元年 北朝貞和二年 春神皇居於遊
天皇遷居ナリ 実識等
一同二年五月十三日北畠使到来於賀州楠
若城證ト由注進之
一同三年四月楠正行使節南都事人之陰貴
宗徒楠一味ゝ

一同十二月廿七日正行兄弟著和州内之
一同四年己丑正月楠正行出張北河内八情辺菅氏
将之以高武蔵守師直ヲ率数万騎向河内正行
兄弟大震旁撃師直ノ軍於四條畷手正行力戦
終兄弟戦死
一同二年正月北軍陣堺浦同八日同処出陣ニ十
四日寄吉野皇居合戦官軍防戦多死
天皇鸞乾（イ鑾）御馬加名生遷幸
此時吉野山加岳神社坊舎等炎上忽
皇居放火焼払之云々
一師直陣河内石川河原出張攻千早城云々

[illegible]千早城西[illegible]寄衛之[illegible]

一同年五年北朝観應元年六月應吉野殿命討[illegible]

足利直冬揚兵九国人皆随之

一同十二月足利左馬頭直義入道恵源

吉野殿降参　恵源依勅命発吉野到

法隆寺陣楠正儀和田正朝以下到三輪拠

両道乱入山城国到以情山于時自山国朝桃井

直常為恵源登山門返攻京都東大寺而

従古三千騎攻之京軍利ナクシテ尊氏西国落

去義詮丹波ヘ沈以後之其後恵源兄尊氏

和談之同七月恵源逆到北国云々

一同六年義詮乞和南朝許之仍関白良基

始以下百官皆参吉野殿
一七年閏二月　天皇天王寺行幸北畠顕能
率軍兵供奉到八幡急攻京都細川頼
春戦死義詮大悪近江奔走北朝三上皇
　主上并春宮等遷幸　吉野加名生
天皇帯三種神寳在八幡同五月再帰吉野
吉野殿同九月出八幡其日ハ興福寺住一
房主分多武峯々一両月住也アリテ吉野皇居
々還幸
一同八年六月召楠正儀正勝等賜御太刀云
一同九年　吉野山皇ニ居トナル

一同十五年五月四日大和宿[illegible]

一同十三年二月北朝之帝帰京於吉野行在

被書寫法華經奉納東大寺佐々木道

譽為御使還矣南都云

一同十三年四月廿九日尊氏逝去 自暦應元年任職 至廿一年ニ逝去

吉野殿三ヶ月御遊宴 御盃忽破烈ス云々

不吉ノ瑞ナリ

一正平十四年十二月義詮揚兵討南方急也楠

正儀宜拒之得勝利北軍多戦死

一同年南朝天皇河内天野山臨幸為皇居

一同十五年北軍於龍門銀ヶ岳龍泉寺石諸城

争戦同五月十七日赤坂城落去

楠正儀楠篭千早城固守テ不出京勢弐千余騎
討チ引退ク

一天皇自天神山観心寺還幸十五月二日ヨリ上
赤坂城ハ被寄ル官軍ハ篠崎固陣キ澄寺ニ
吹兵庫介陽清昇防戦ニ及タ千早ノ赤坂村ニ
陣シ正儀勝利ヲ得ルトイヘ共桃敵ヘキ勢ナケレハ
五月八日夜千早城ヨリ南山續キ北山峠ト云処ニテ
掛レハ城中火ヲ上ケリ其ヨリ主上ヲ供奉ニテ加名生
ノ奥ナル黒淵村ト云処ニ仮皇居ヲ構ヘテ十津
川諸侍守護セリ

一同廿九日和田楠以下官軍ハ枚原周防入道河内ニ

畠山ノ河内ノ嶽山ノ城ヲ思……性川左馬
介基ヲ攻テ突破ルナリ其ノ外雖地湯川荘司日浦川
定佛城ヲ攻ルテ山本藤左衛門田辺別当池原卓人
介岩村弾正修及勘解由押寄テ数々ノ合
戦ニ多ク討捕ルト云

一 龍門山城ニモ大塔若宮 将軍宮（雅良親王）御籠城アリ
秋山因幡守後藤大学介文子等力戦各々戦
死 大塔若宮モ要ケ十津川ノ加名生ノ奥金ケ嶽
ト云所ニテ危ニ三千騎ニテ楯籠サセ玉イ宮ノ御旗落
頭ニテ為テ依テ二條関白殿ヲ大将トシテ千騎ニテ押
寄ル攻戦トイヘ共無勢ナレハ時ニシテ宮ヲ南都方ヘ
落シ参セテ大塔ハ山中ヘ引退ト云々

件ニ少輔
八子義ヲ
切腹ストト

一十二月廿四日楠正儀引卒官軍并降人細川清氏共ニ依勅命京都ヲ攻テ戦ヒ義詮奉 主上近江国ヘ没落セリ

一同十七年正儀摂津ニ於テ頼之軍粮船ヲ焼払フ斯波道朝防戦ス正儀道遁シテ帰ル

一正平十九年七月二十四日細川頼之并興福寺西金堂司民部公順等并天王寺東ニ陣営シ河内千早城ニ入来シテ楠正儀ヲ北朝ニ参候スヘキノ由綸旨仕左近書正儀是ヲ辞シテ将時延門被下置候日ニ勅答申ヘキトテ使者ヲ以安井寺ニテ饗食セリ

一正平二十二年九月四日吉野ノ皇居ヲ河内観心寺ニ遷幸

シ奉ルヘシ官軍警衛ス同十二月帰京也
一同廿三年二月天龍寺僧ヲ以テ又復河内ニ
遣シ楠正儀ノ将軍ノ志ス其方ニ来ルヘキ隠（仰カ）トノ義ナリ
甚ダ正勝正元等而日ニ以テシテ返テ又正儀ヲ疑ヒテ
宮ト皇居ト差ス内儀アルヨシ正儀事ヲ玉川宮寛
成王ノ甚以悪シ讒シ玉フトイヘトモ天皇用ヒ玉ハストイフ
依テ正儀宮ニ心背リスルノヨシナリ
一正儀降参セサルヲ怒テ十一月新将軍義満山名
氏清ヲ以テ正儀ヲ解ト云ヘトモ一儀不及而千早城ニ
楯ニ籠リ官軍ヲ招キ北京ヲ攻破ントス細川頼
之ヲ大将トシテ河内ニ発シ千早赤坂ニ押寄テ
合戦アリ正儀雖ト打負ケ城ヲ開キ大和ニ奔ル

郡高巣城ニ到ル、城所ノ後藤三河守基盛之
越智純伊予守家弘等籠ル門ヲ閉テ城中ニ入ス
仍テ宇ノ郡城ニ到レ氏不入シテ萬山寺ニ到リ陣
ヲ取リ楠正勝ハ貝吹城ニアリテ父ノ命ヲ受トナリ
一同三月十五日南朝　天皇崩シ玉フ則吉野山
如意寺ニ葬リ奉リ　尊号ヲ奉リテ
後村上天皇ト謚シ奉ルナリ
一同年冬十月足利官領細川頼之ハ南朝ヘ義
テ曰往古ノ如ク持明院殿ト大覚寺殿ト一代替リニ
御世治アリテ　天皇御上洛アリテ三種神器ヲ
北朝ヘ御渡アリテ　南北和平アリシ　南帝御上洛
[illegible]如ク[illegible]相違

カクテ天下再應変闘ストモ南朝ハ仁皇ヲ
用イズシテ和睦調ヘナシト云

一 春宮位 寛成 玉川宮 正平廿四年二月楠正儀ヲ討
テ甚新ニ在テ群士ヲ率ニテ伐サセ玉フトイヘトモ正儀
堅ニシテ利ヲエズト云

一 同廿四年楠正儀ハ正勝ハ正元ト不和ニシテ
何共モ調儀申久シク心ヲ悩シ玉フ

一 大中二年八月春宮位寛成王受禅シ即位
シ玉フ則兄君ヲ尊ンテ 太上天皇ト称シ奉リ
ナル元ヨリ御兄弟不和ニシテ 太上天皇ハ紀州伊都
郡玉川ト云処ニ御住居有テ 玉川仙洞又ハ玉川宮ト

モ申スナリ玉川宮讃ヲ侵シテ楠正儀ヲ討ント
計リ玉フ事モアリ正儀十津川辺ニ住シテ
新帝ニ心ヲ通シテ吉野十八郷并宇陀
宇智ノ両ヲタテン皇孫ヲ守護セシムナリ

塵龍輯志

右南朝実史
南山雲錦拾要松紀 壱
明治二十九年六月廿七日謄写了

吉野宮
宗務所

南山雲錦拾要　巻弐

南山皇統実史探諸名家秘録不然詞
玉華化其侭集一巻為我家秘蔵堅
不出門外禁之他見勿為恨一覧矣可慎

興福寺実厳僧正記

南方正平廿四年北朝天授二年正月南方大将楠右馬
頭正儀種々謀ヲ献スト云ヘ圧諸人許容ナキニ依テ南方
ヲウトンシ京師ニ降参スヘキヨシ内約アルノ由風聞ス同
年二月云々去ル四月中旬楠正儀終ニ志ヲ変シ
入洛シテ新将軍義満ニ謁シ南方ヲ服従セシメ甚子
正勝日正元等ハ南方ニ忠義ヲ存シ天下不和ナリト

云々

和田和泉守ニタ正儀ト不和就て合戦て及ハントこ建徳元年（北朝応安二年）十一月中旬南山ノ新帝ノ勅ヲ受テ和田和泉守以下宝軍数千人ヲ率こ楠正儀カ赤坂城ヲ押寄テ攻ル日下旬和田等か武威以外楠既て敗北こ殆危こト云て

按スルて建武ヨリ末応安七年迄（南朝文中三年）和田正武ト屢正儀ヲ攻ノ見ヘタリ正儀毎度敗北こ細川頼之山名氏清ト数万人ヲ将テ河内ヘ発行こ正儀ヲ救ト云和田楠一族武略ヨリ南朝ノ護衛タルて足レリサレハ正武世て有ル程ハ南朝も安泰て御座エナリ

南[illegible]正儀[illegible]天授ノ康（北朝康暦二年）年卒スト諸書てアリト云モ

大楠神社ノ錦ヲ見ルトキハ元中三年丙寅四月十三日ナリ又初瀬布留記ニモ元中三年トアリ今是ニ從フ元中三年ハ北朝至徳三年ナリ

北畠系紀録ニ曰

一建徳二年北方應安二年十一月玉川仙洞ノ御下知トシ楠正儀ノ千早城ヲ攻ム和田正武楠正勝西元等官軍ヲ率シテ正儀ヲ攻テ千早城落去セリ是ヨリテ正儀紀伊ニ至リ幽居ス正儀北方ニ心ヲ通ス故ナリ誠正儀　玉川宮ニ悪マレ所詮南方ニアリテ大義ヲ立ル事アタハズト思惟シテ北方ニ服從シテ此節ヲ待トイヘド甚時ヲ不得君命ニシテ退クヿ忌ナレト云

一南朝天授三年北方永和三年天皇詔令セラレ日十二月
橋本兵部大輔正時ヲ大将トシテ宇佐美紀伊
次官正行神宮寺小太郎師穂子和泉国日根
郡土丸城ヲ再築シテ楯籠ルナリ追手将メ山名
修理大輔義理同陸奥守氏清等来テ攻戦ヲ
粮尽テ康暦三年南朝天授五年
私記土丸雨山二城相並テ一處ナリ
此二ケ城アリ
大和《ヤマト》社記
永徳二年南朝弘和元年正月山名氏清在泉州堺
被河内赤坂城故ノ将軍與ニ和泉国氏清

[illegible]將軍退其後山名義理為紀伊
國守護追南軍逐廢去再復細川軍賊忍
天入玉川宮中欲害上皇秋山澤為代松守
在テ其側防禦之　上皇遁テ入七山那賀郡白見
到熊野山中大俣ニ幽居シ玉フ
弘和元年十月十三日玉川太上天皇寛成於大俣山中
後皇居端ニ葬奉テ　尊号奉称
長慶天皇ト云フ
一同二年九月四日和田和泉守正氏遁為正武者楠
右衛門尉成康二男太郎親遠虜テ經河内後
住和泉國和田ト云処ニ被号和田是和田氏ノ祖也其子
四郎為遠其子孫ニ至テ正遠ナリ楠正成ノ妹嫁

高遠生正遠ヲ救正遠ハ正成ノ甥ナリ其子孫高
崇正武等ハ住日国岸ノ城ニ曰是ヲ岸ノ和田ト然
後帰河内与楠ニ事ノ葉ト曰リ住士養ノ邑又有
号元上和田家ノ住吉郡中津川是和其ノ岩キ出タリ
泉州和田村ヨリ
元中二年北朝至徳二年八月楠正儀大和紀伊ノ二ツ
谷ノ城ニ揚義兵ヲ戦山名義理ノ味方ス九百騎戦
死其残兵五百騎楠正勝大和ノ畠吃城ニ為南
朝復衛ス於漫再逃河内ノ千剣破旧城盛武営
義満怒遣救年畠山義深攻テ皆破其正儀
到大和ノ十津川ノ奥山中野ケ原村逃去又或ハ

元中五年四月十五日行年七十三歳
元中四年正月楠正勝正元等集残兵於加
名生城揚義兵富山義戦雖攻テ忽落之
元中十九年 北朝明徳三年 正月楠正元密ニ入京ニテ
欲殺義満事露顕楠之被誅自リ正成
到此楠家絶断云々
右大和國ノ社祝部實軌撰書ナリ
但シ實軌者天文年中ノ人ナリ

山地悠一郎（やまじ・ゆういちろう）

昭和２年（1927）大阪に生まれる。
「南朝史」「戦中戦後史」の闇の部分解明者として著名。
主たる著書に『護良親王の伝説』（近藤出版社）
『太平記の疑問を探る』（清水弘文堂）
『南朝霊の叫び声』（歴研）
『後南朝再発掘《熊沢天皇事件の真相》』（叢文社）
『昭和史疑』（叢文社）
『南朝・最期の証言』（鳥影社）
その他、雑誌多数

南朝諸録要諦《なんちょうしょろくようてい》　―「南山雲錦拾要《なんざんうんきんしゅうよう》」ここに展《ひら》かる―

2017年３月20日　初版発行

著者　山地悠一郎

発行　八幡書店
東京都品川区平塚2-1-16 KKビル5F
Tel 03-3785-0881　Fax 03-3785-0882

ISBN978-4-89350-779-2